Karin Jerstorp Eva Köhlmark

Textiles Entwerfen und Gestalten

CIP-Titelaufnahme der Deutschen Bibliothek

Jerstorp, Karin:
Textiles Entwerfen und Gestalten/Karin Jerstorp; Eva Köhlmark. [Aus d. Engl. übers. von Claudia Gaillard-Fischer].
– Bern; Stuttgart : Haupt, 1990
Einheitssacht.: Forma mönster <dt.>
ISBN 3-258-04211-X
NE: Köhlmark, Eva:

Titel der schwedischen Originalausgabe:
Forma mönster. Skissmetoder för all slags dekor
von Karin Jerstorp und Eva Köhlmark

Bonnier Fakta Bokförlag AB, Stockholm, Schweden
Aus dem Englischen übersetzt von
Claudia Gaillard-Fischer, 8122 Pfaffhausen

Abbildungen:
Nisse Backman, Studio 83: Seiten 8, 9, 10, 11, 13, 20, 21, 25, 36, 39, 41, 45, 47, 49, 56, 58, 65, 67, 73, 74, 75, 80, 82, 89, 91, 100, 107, 110, 112, 114, 115.
Marionettenmuseum, Stockholm: Seite 9 (Schattenfiguren)
Roger Stenberg/Mira: Seite 15 (Wald)
Joe Lindström: Seiten 29, 98 (Wasserturm)
Klas-Rune Johansson/Landschaftsfotograf: Seite 42 (Holzstoss)
Nisse Peterson: Umschlag

Karin Jerstorp Eva Köhlmark

Textiles Entwerfen und Gestalten

Verlag Paul Haupt Bern und Stuttgart

Inhalt

Kursteilnehmer, von denen Ideen und Zeichnungen stammen:

Klasse 7, Hasselby Villastads-Schule
Zeichenkurs, Komvux, Stockholm
Webkurs, Komvux, Ekero

Toshiko Aoi
Ann Engstrand
Vivi Eriksson
Kerstin Hauglid
Bàrbro Hjort af Ornäs
Hedel Holmboe
Benita Jansson
Magdalena Karlsson

Gerda Ljungstedt
Bodil Sterner
Birgitta Söderberg
Lisa Wahlström
Monica Westberg
Ingrid Wikars
Birgit Zelmerlööw
Birgitta Öberg

Vorwort

«Es gab eine Zeit, in der jedermann, der etwas Nützliches herstellte, auch ein Künstler war. Und diese Einheit war Quell spontaner Freude.» *William Morris*

In diesem Buch sprechen wir über die Freude, die man empfindet, wenn unsere Vorstellungskraft sowie unser Sehen und Tun zusammenwirken. Wir erkannten die Notwendigkeit eines Buches, das Inspiration vermitteln und Anregung geben kann, aufgrund von Studien verschiedener Muster eigene Projekte zu entwikkeln. *Textiles Entwerfen und Gestalten* lehrt Sie, aus Kleinigkeiten der Natur oder auch aus einem belegten Brot künstlerischen Nutzen zu ziehen. Ansprechende Übungen mit unüblichen Materialien und die aufgezeigten neuen Wege zu Entwürfen und Proben werden Sie rasch zu positiven Ergebnissen führen. Zeichnen wird auch für Ungeübte spannender, und Sie werden ermutigt, eigene Dessins und Dekorelemente zu verwenden. Alle Übungen mit Streifen, Karos, Bordüren, Strukturen und stilisierten Dekorelementen enthalten Vorschläge für die Ausführung in verschiedenen Handarbeitstechniken. Wir zeigen auch, wie man ein Muster abändern und ganz verschieden einsetzen kann.

Im Kapitel *Farben- und Gestaltungslehre* werden Sie Ihr Wissen erweitern über das spielerische Variieren mit Dekorelementen, die gegenseitige Beeinflussung von Farben und ihre Bedeutung in Mustern. Und Sie lernen mit spielerischen Übungen, eigene Muster zu kreieren und Farben zu kombinieren.

Wir hoffen, dass die geschichtlichen und geographischen Aspekte – in Wort und Bild – Ihr Interesse an der Vergangenheit und an Ornamenten anderer Kulturen anregen werden.

Wir danken den Schülern und Kursteilnehmern, die mit viel Begeisterung unsere Übungen ausführten und uns ihre Entwürfe für dieses Buch zur Verfügung stellten.

Karin Jerstorp *Eva Köhlmark*

Studien

mit Material aus der Natur

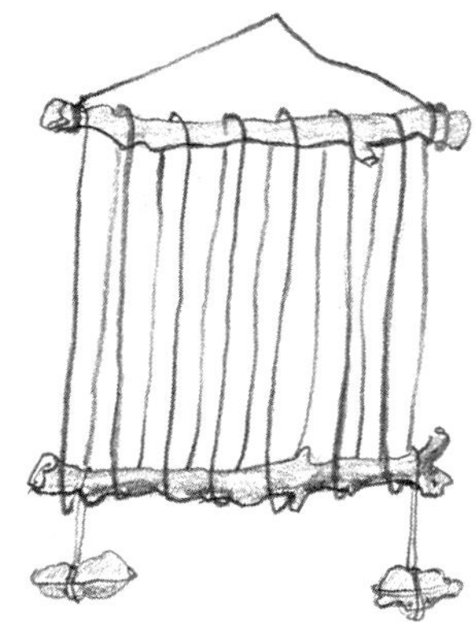

Material aus der Natur als Eintrag

Als Kette spannt man Draht oder einen festen Zwirn zwischen zwei Stecken. Dies geht am einfachsten, wenn Sie den oberen Stecken aufhängen und an den unteren ein Gewicht hängen. Weben Sie mit Gräsern, Kräutern, Blättern und Blumen quer oder in einem Winkel, locker oder satt; Gräser können hervorstehen, Beeren herunterhängen. Lassen Sie ihrer Fantasie freien Lauf. Sie müssen nur darauf achten, dass alles hält – und nun viel Spass!

Beim Durchstreifen von Wiesen und Wäldern werden Sie feststellen, dass es nichts Grossartigeres an Farben und Mustern gibt, als die freie Natur mit all ihrem Reichtum. Stellen Sie sich eine Landschaft im Frühling vor mit aufbrechenden Knospen, blühenden Bäumen und den wechselnden Farben von einem mit verschiedenen Pflanzen bedeckten Hügel. Oder eine Sommerwiese mit Blumen und Gräsern; die herbstlichen Farben, die sich gegen einen klarblauen Himmel abheben. Freuen Sie sich über die sanften Farben von Flechten und Moosen. Entdecken Sie die Schönheit von abgeernteten Feldern. Beachten Sie einmal, wie lebendig trockene Gräser und Fruchtstände im Schnee wirken. Wir hoffen, Sie werden die Natur mit anderen Augen betrachten, wenn Sie einmal das Zusammenspiel von Linien und Formen entdeckt haben.

Pflücken Sie beim Durchwandern von Feldern und Gehölzen Blumen, Blätter, Äste, Moose, Kräuter und Pilze. Nehmen Sie Farben und Formen in sich auf, ertasten Sie Texturen wie: weich, rauh, glatt, uneben. Haben Sie einmal mit natürlichen Materialien gewoben? Falls nicht, sollten Sie es versuchen. Es macht Spass, als Eintrag Kräuter und Blumen zu verwenden, wobei man nicht an Genauigkeit oder Qualität gebunden ist. Ganz ungezwungen erlernen Sie zum Beispiel so das Beobachten von verschiedenen Grünschattierungen bei Pflanzen. Ebenso werden Sie die Vorzüge des Webens mit festen und weichen Materialien entdecken.

Einige Blumen und Pflanzen bewahren ihre Farbe auch in getrocknetem Zustand. Beachten Sie jedoch, dass sie bei diesem Prozess schrumpfen und dadurch das Gewebe loser wird. Suchen Sie deshalb ihr Material sorgfältig aus. Und denken Sie daran: Ein Moos braucht Jahre zum Wachsen. Tove Jansson schreibt in ihrem Buch *Bildhuggarens dotter*: «Wenn Sie einmal auf Moos treten, entsteht dort eine tiefe Delle, und es braucht eine Woche, bis sich das Moos wieder aufgerichtet hat. Treten Sie ein zweites Mal darauf, so bleibt die Delle für immer bestehen. Treten Sie aber dreimal darauf, ist das Moos gestorben.»

Finden Sie Grosses im Kleinen, indem Sie Bruchstücke von Objekten zwischen zwei Gläser geklemmt an eine Wand projizieren. Entdecken Sie so ein Spiel von Linien und Formen, das Ihnen sonst verborgen bliebe. Die Grösse hängt dabei von der Distanz des Projektors zur Wand ab. Die abgebildete Feder wurde etwa sechsmal vergrössert. Möchten Sie das Bild später verwenden, kleben Sie ein weisses Blatt an die Wand und skizzieren die projizierten Linien.

Schattenbilder und Silhouetten

Schatten haben den Menschen schon immer fasziniert und spielten zum Beispiel in vorgeschichtlicher Zeit und wieder im Mittelalter eine wichtige Rolle, indem man mit Hilfe des Schattens die Zeit bestimmte. Das Schattentheater, bei dem mit Figuren hinter einem durchscheinenden Tuch gespielt wird, stammt aus Asien. Die Technik des Schattenspiels verbreitete sich von dort aus über die ganze Welt, erreichte jedoch wohl den höchsten Stand des Könnens in Java, in Indonesien und in Burma. Im 18. Jahrhundert wurden Silhouetten aus schwarzem Papier auf weissem Hintergrund beliebt. Diese Kunst war bis zur Mitte des 19. Jahrhunderts sehr populär; dann wurde sie durch die Fotografie abgelöst. Scherenschnitte mit Baum-, Blumen- und Vogelmotiven sind unter anderem eine bekannte und weitverbreitete Volkskunst in Polen, wo man dazu auch farbiges Papier verwendet (siehe Seite 74).

Die Kunst des Scherenschnitts wird auch in Skandinavien gepflegt: Der rote Scherenschnitt von Natalia Petterson, von Himmelsberga auf der Insel Öland, entstand 1961.

Kunst am öffentlichen Bau

Der Künstler P. O. Ultvedt malte in der Central Station *der Stockholmer Untergrundbahn die auf die bucklige Wand geworfenen Schatten von Arbeitern.*

Abdrücke

Fussabdrücke im Ufersand werden überspült und verschwinden deshalb rasch. Solche Eindrücke sind zwar vergänglich, aber nicht weniger faszinierend.

Tonformen von verschiedenen Objekten sind ebenfalls etwas Dankbares. So stammen die ältesten Dekorationen auf Tongefässen von Ritzungen und Abdrükken. Der geformte Ton kann als Dekor verwendet werden, oder man stellt damit einen Gipsabguss für ein Relief her. Der Gipsabguss links stammt von einer Tonplatte, in die mit einem Föhrenast ein Abdruck gemacht wurde.

Montage mit natürlichen Objekten

Wer hat nicht schon gelegentlich Muscheln und von Wellen geschliffene Kiesel, vom Alter geprägte Holzstücke oder trockene Fruchtstände gesammelt? Mit solchen Gegenständen aus der Natur lässt es sich herrlich spielen und komponieren. Arrangieren Sie die einzelnen Stücke zu einer gefälligen Assemblage, die man an die Wand hängen oder als Idee für die Ausführung in einer anderen Technik verwenden kann.

Im 16. Jahrhundert komponierte der italienische Maler Giuseppe Arcimboldo Portraits aus Fischen, Früchten, Blumen und Gemüsen.

Streifen

Haben Sie einmal daran gedacht, wieviele Streifen es in der Natur gibt – bei Pflanzen, Insekten, Fischen, Säugetieren, Steinen? Es gibt sogar Streifen an Ihrem eigenen Körper, zum Beispiel Ihre Fingerabdrücke, die so einmalig sind, dass es davon nicht zwei gleiche gibt.

Haben Sie schon überlegt, wieviele gestreifte Objekte existieren, die wir gar nicht als Muster wahrnehmen? Wir pflügen Furchen, rechen Erd- und Kieswege, und ein Eiskratzer hinterlässt ebenfalls ein Streifenmuster.

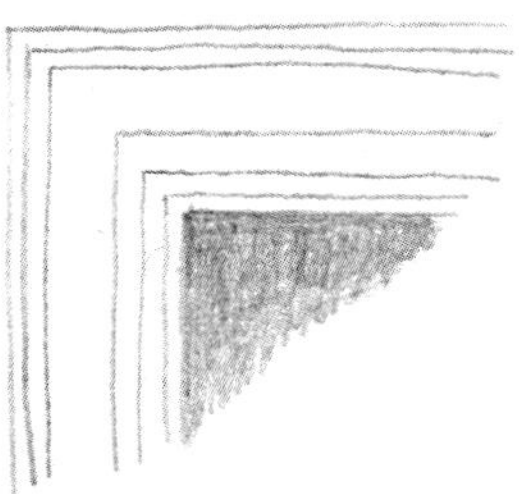

Haben Sie schon daran gedacht,

- dass aus praktischen Gründen Gebäudeteile abschnittweise so zusammengesetzt werden, dass ein Streifenmuster entsteht;
- dass Fensterrahmen und Bretter bei einem Holzhaus den Eindruck von Streifen hinterlassen;
- dass Heizelemente gestreift wirken, weil die Metallröhren für eine grössere Oberfläche gebogen wurden;
- dass Holzverschalungen zum Giessen von Betonelementen nach dem Entfernen Streifen hinterlassen, was auch als Dekorelement genutzt wird;
- dass bei Tür- und Fensterrahmen sowie Schwellen die Holzmaserung aus ästhetischen und aus praktischen Gründen genutzt wird;
- dass Bilderrahmen und Bucheinbände oft gestreift sind? Sehen Sie sich einmal um, und finden Sie eigene Beispiele.

Für einen mit dickem Garn gestrickten Pullover liessen wir uns von den Farben einer Blume inspirieren.

Definition des Begriffs Streifen

Wenn eine Oberfläche in grössere und in kleinere Partien durch vertikale, horizontale oder diagonale Linien eingeteilt wird, entsteht ein Streifeneffekt.

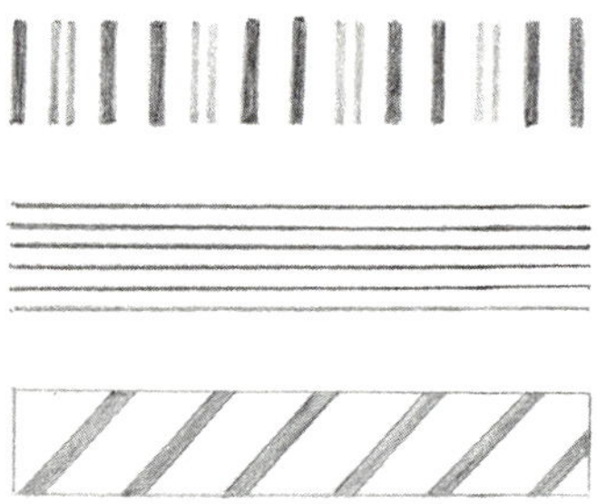

Nah zusammengerückte Figuren können ebenfalls als Streifen wirken. Denken Sie daran, dass der Streifen mit der grössten Anzahl kleiner Teile am ehesten als Streifen wirkt.

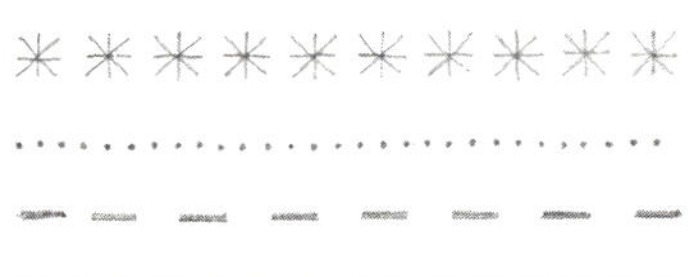

Linien können in regelmässigem Abstand so wiederholt werden, dass ein dichtes oder ein lockeres Streifenmuster entsteht.

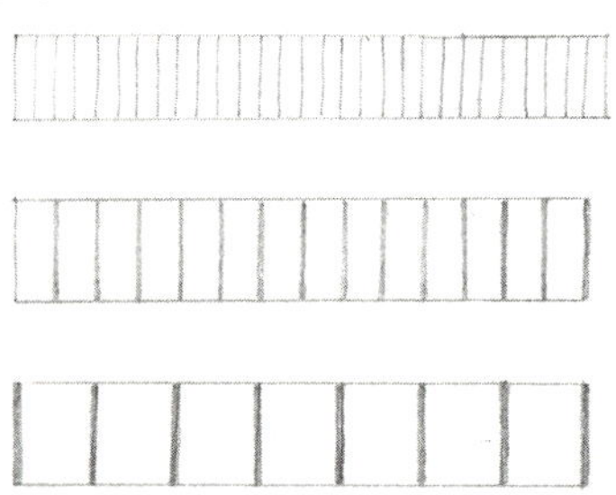

Indem man die Streifenbreite und den Abstand variiert, entstehen ebenfalls verschiedene Muster.

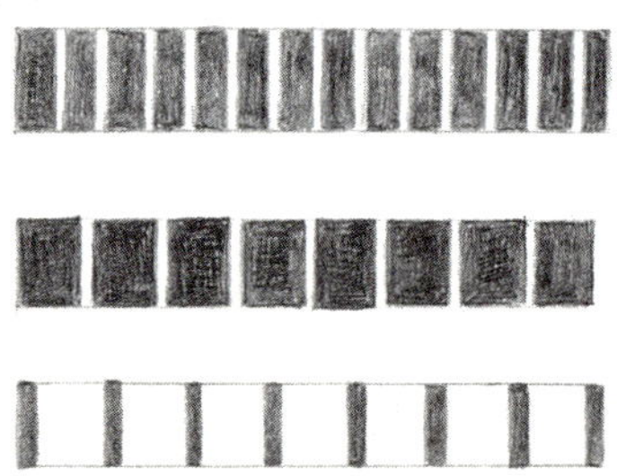

Streifen von unterschiedlicher Breite können gebündelt und so regelmässig wiederholt werden.

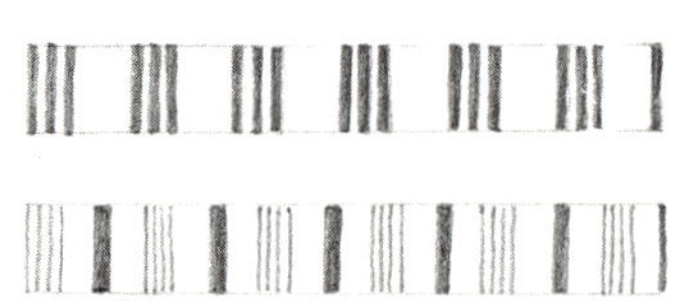

Jedes Bündel kann symmetrisch oder asymmetrisch sein.

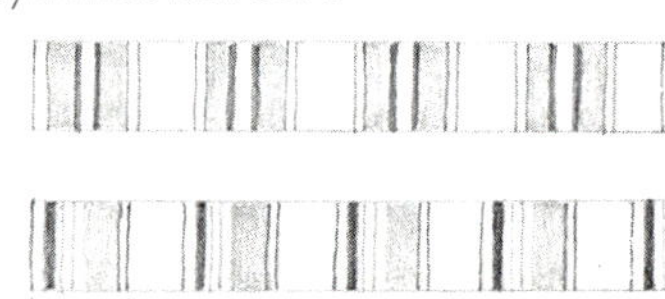

Durch die Spiegelung eines asymmetrischen Streifenmusters entsteht zusammen mit den Basisstreifen ein symmetrisches Muster.

Bei einem symmetrischen Bündel haben die Streifen einen regelmässigen Abstand um eine Achse (die Streifen sind hier gespiegelt). Vermeiden Sie es, symmetrische und asymmetrische Bündel im gleichen Muster zu mischen, da dies einen uneinheitlichen Effekt gibt. Das symmetrische Bündel wirkt statisch, beim asymmetrischen wandert das Auge von einem Bündel zum anderen.

◁

Natur und Bilder inspirieren zu Streifen

Die Aufnahme mit Baumstämmen in einem schattigen Wald entstammt einer Zeitschrift. Daraus entstand eine Applikationsarbeit mit horizontal und vertikal aufgenähten Stoffstreifen. Die Musterung der Streifen unterstreicht den Eindruck von rauher Rinde und Waldduft.

▷

Lassen Sie sich von Ihrer Umgebung, einem Tier oder irgendeinem Objekt inspirieren. Betrachten Sie die Farben, und suchen Sie entsprechende Fäden für eine Bemusterung. Für ein textiles Objekt ist es ideal, wenn Sie die Fäden um einen Karton wikkeln und dabei versuchen, die Farben der Vorlage entsprechend zusammenzustellen. Für die Wiedergabe der dünnen roten Beine des Vogels empfahl sich ein Nähgarn, und für die gesprenkelten Federn wurden ein weisses und ein schwarzes Nähgarn vor dem Wickeln zusammengedreht.

Die eleganten Fächer mit ihren klaren Farben kontrastieren mit dem schwarzen Hintergrund. Sie stehen für unsere Vorstellung vom märchenhaften Japan.

Generell denkt man bei Streifen vor allem an wechselnde Farben. Verschiedene Effekte oder Strukturen können aber auch Streifen ergeben. Beim Weben und beim Stricken wird diese Möglichkeit oft genutzt, indem man abwechslungsweise glatte und gemusterte Partien arbeitet.

Durch Texturveränderungen gebildete Streifen findet man sehr oft bei Textilien, aber auch bei Materialien wie Holz und Metall. So verzieren zum Beispiel die Lappen ihre Messergriffe durch Einlegen von Streifen in Horn, Holz, Birkenrinde, Zinn oder Leder.

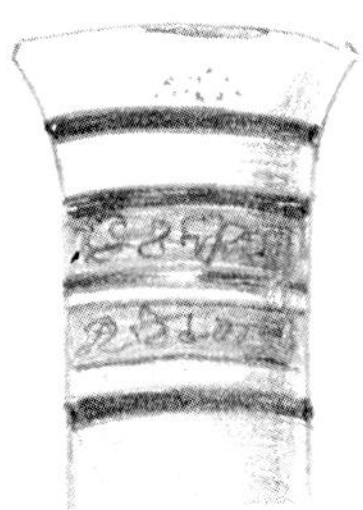

Streifen kann man auch herstellen, indem man mit glänzendem und mattem oder rauhem und glattem Material abwechselt.

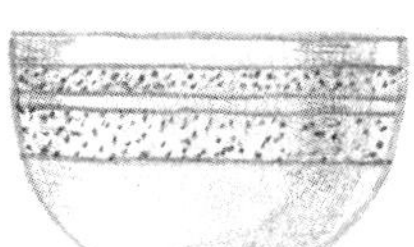

Streifen entstehen auch beim Wechsel von gemusterten und ungemusterten Flächen. Beim näheren Betrachten wirken diese Streifen wie Bordüren. Betrachtet man sie jedoch aus der Distanz, verschwinden die Bordüren, und man sieht Streifen von wechselnder Farbe oder Zeichnung.

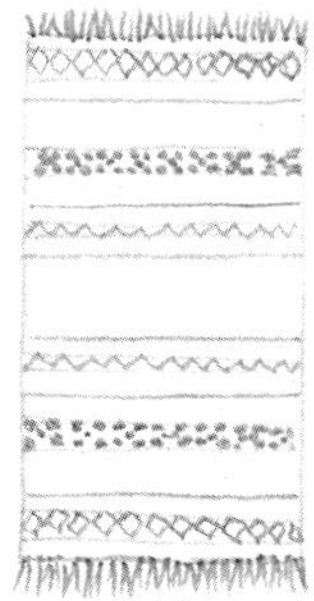

Bei bestimmten Webtechniken entsteht automatisch ein Streifenmuster. Bei den in Ripstechnik gewobenen Teppichen verdeckt das dünne Eintragsgarn das dikkere Kettgarn vollständig, und es entstehen senkrechte Streifen. Verwendet man für den Eintrag einmal dickes und einmal dünnes Garn, so entsteht eine auffällige, horizontale Streifung.

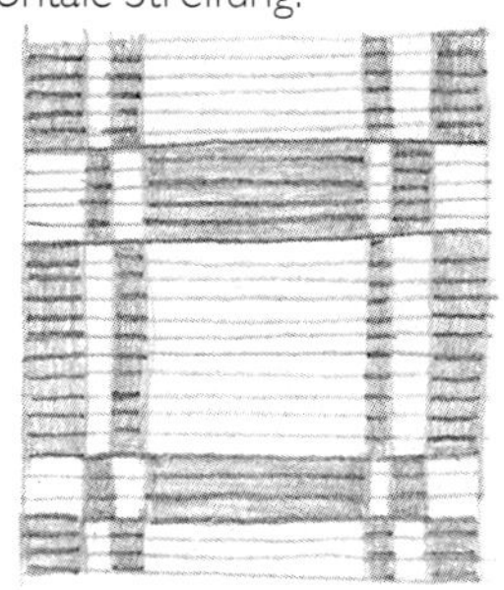

Anders jedoch beim Dukagang – einer typisch schwedischen Webtechnik, bei der die Musterpartien vertikal gestreift sind. Bei der Köper- und der Atlasbildung entsteht jedoch eine diagonale Streifung.

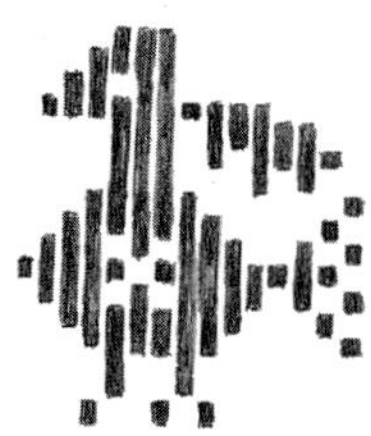

Dukagang

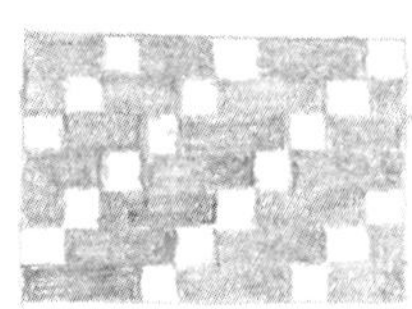

Köper

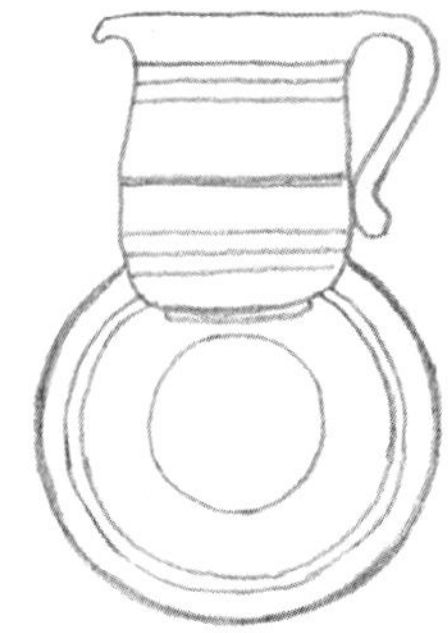

Bei einem Topf oder einem Teller können Streifen auch einen kreisförmigen Dekor bilden.

Horizontale Streifen am menschlichen Körper sind nicht immer attraktiv. Oft wirkt damit die Figur fassförmig. Senkrechte Streifen schmeicheln weit mehr, wenn zum Beispiel der entsprechende Stoff in der Taille gerafft wird und dann beim Gehen in weiche Falten fällt.

Ein Flächenmuster entsteht auch durch Partien, bei denen die Streifen in verschiedenen Richtungen laufen.

Für eine ansprechende Streifenmusterung ist das folgende zu beachten: Die Abstände zwischen den Streifen oder den Streifenbündeln müssen ausgewogen sein. Gleiche Breite und Abstände sollte man vermeiden. Andererseits sollten sie aber auch nicht genau halb so breit sein.

Streifenmuster sehen verschieden aus, wenn man sie von nah oder aus der Ferne betrachtet. Die Fähigkeit der Augen, bei einem bestimmten Abstand etwas zusammenzulesen, zum Beispiel bei Formen und Farben, die in einer bestimmten Beziehung zueinander stehen, führt oft zu Überraschungen. Ein dichtes Muster mit viel hellem Kontrast wirkt, aus der Ferne betrachtet, verschwommen. Rückt man die gestreifte Fläche noch weiter weg, so wirkt sie einfarbig (siehe auch Seite 136).

Gemalte Streifen

Für diese Übung benötigen wir Wasserfarben, verschieden breite, flache Pinsel und ein etwas saugfähiges Papier. Malen Sie mit Ihren Lieblingsfarben schmale und breite Streifen. Tragen Sie die Farben einmal dick und einmal dünn, symmetrisch oder asymmetrisch auf.

Wenn man sich dabei Muster für gewobene Handtücher vorstellt, kann man den Längsrand mit schmalen Streifen betonen, so dass das Tuch nicht wie ein Stück aus einem grossen Ganzen wirkt. Diagonale Streifen werden bei Tüchern eher gedruckt oder eignen sich für Frottierware.

1

a b c

2

3

4

5

6

Praktische Übungen

Man kann viel lernen, wenn man mit Papierstreifen in drei Farbschattierungen, die man auf eine weisse Unterlage legt, experimentiert. Es lässt sich damit unendlich variieren. Bereits die Verschiebung eines Streifens kann das Muster vollständig verändern.

1 Für diese Übung wurden alle Streifen gleich breit zugeschnitten. Die Breite der weissen Flächen kann frei gewählt werden. Die Partien a und b wirken gebogen, speziell aus der Ferne betrachtet. Durch den Übergang von hell zu dunkel entsteht eine Schattierung. Dieser Effekt verschwindet bei c durch die zusätzlichen schmalen, weissen Flächen.

2 Durch die Verschiebung der dunkelsten Streifen entsteht ein ganz neues Muster.

3 Hier hat jeder Farbton eine andere Breite. Damit wurden die Streifen unregelmässig gruppiert. Werden diese Gruppen regelmässig wiederholt, entsteht ein eindeutiges Muster.

4 Ersetzt man Weiss durch eine Farbe, zum Beispiel Gold, sieht man plötzlich Gruppen von blau-gelben Streifen, die sich von einem hellblauen Hintergrund abheben.

5 Wenn man die goldenen Flächen verändert, indem man die hellblauen Streifen verschmälert und die breiten blauen Flächen durch orange Streifen teilt, wirkt das Muster wieder flach.

6 Unregelmässige Streifen im dunkelsten Farbton wurden hier so lange verschoben und umgruppiert, bis ein regelmässiges Muster entstand.

Die Streifen kann man anmalen, oder man kann sie horizontal oder vertikal, flach oder gewellt anlegen. Sie lassen sich als Vorlage für verschiedene Techniken verwenden – zum Beispiel für eine Ton- oder eine Glasritzung, zum Weben oder zum Stricken, und man kann damit etwas locker oder dicht mustern.

Verschiedene Streifendessins mit gleichen Farbanteilen

Die Farben der Zwiebel wurden in den folgenden Übungen in drei Rottönen verwendet: dunkles Rotbraun, Alt- und Hellrosa. Für die Beispiele 1, 2 und 3 wurde jede Farbe quantitativ gleich verwendet.

1 Hier wurden die Streifen symmetrisch um einen dunkelbraunen Streifen in der Mitte angeordnet. Die Streifen wurden einmal wiederholt und bilden einen Rapport. Wenn man einen Spiegel auf die äussere Linie des letzten rosa Streifens stellt, sieht man die Wiederholung der Streifen.

2 Die Zusammensetzung der Streifen in jeder Gruppe ist unregelmässig, aber jede Gruppe wird regelmässig mit dem gleichen Anteil Weiss wiederholt. Wie gross ist der Rapport?
Sehen Sie genau hin!

3 Mit dem gleichen Anteil von jeder Farbe kann man ein ganz unregelmässiges Streifenmuster bilden.

4 Ein stark abweichender Farbton wurde auf Kosten von Hellrosa hinzugenommen. Sie werden sofort feststellen, dass die neue, lebhafte, fast knallige Farbe dem Muster einen ganz anderen Charakter verleiht.

Wenn man mit Papierstreifen arbeitet, kann man Farben einfach auswechseln und ausprobieren, ohne das Grundmuster durch einen neuen Ton zu zerstören.

1

2

3

4

Von verschiedenen Gegenständen inspirierte Farben

Mit dieser Übung zeigen wir Ihnen, wie Alltagsgegenstände unsere Kreativität anregen können. Bevor wir ein belegtes Brot essen, dient es uns als Inspirationsquelle für einige Übungen. Zuerst suchen wir die richtigen Fäden zusammen. Der Spass beginnt mit Wickeln, Ausprobieren, aus der Ferne Betrachten und Überlegen. Kneifen Sie die Augen zu, um die Wirkung der Streifen zu studieren. Lassen Sie einmal die hellen, dann die dunklen Töne dominieren, mit schmalen oder mit breiten Streifen, in regelmässiger und in unregelmässiger Anordnung.

Die Übungen können durch Webmuster ergänzt werden, die wir auf einem Karton mit einer Wollnadel ausführen. Dazu nehmen wir einmal die Farben des Eies, das andere Mal die Farben der Sardellen. Rauhen wir die Probe etwas auf, so erwecken wir damit den Eindruck eines fertigen Stücks.

Ausschneidemethode

Halten Sie etwas von der Schönheit des Herbstes in einem Aquarell fest. Nach diesem Aquarell malen Sie unregelmässige Streifen. Dabei ergeben die Astern vielleicht purpurfarbene, die Steine rosa Streifen. Der eine oder andere Ton wird sich für ein altes Sofa eignen, das einen neuen Überzug benötigt. Dazu zeichnen Sie zuerst das Sofa, dann schneiden Sie die Teile, die gepolstert werden müssen, aus. Dieses Modell können Sie dann über die verschiedenen Dessins legen.

Bei einem Sofastil, dem ein strenggemusterter Stoff entspricht, kann ein mo-

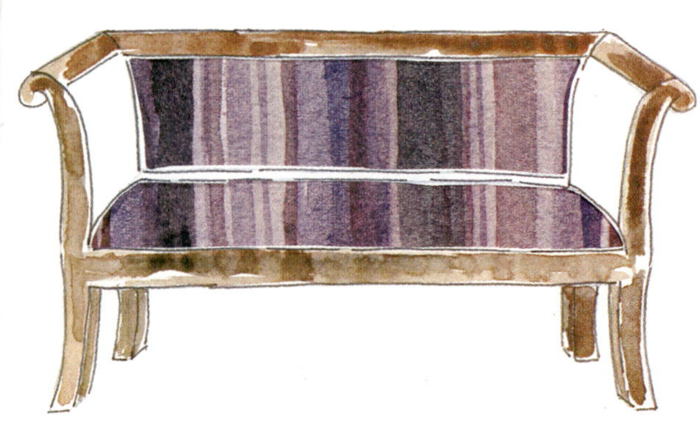

dernes Streifendessin oft erfrischend wirken, und unregelmässige Streifen sehen einheitlich aus, wenn sie ausgewogen angeordnet sind. Legen Sie das Sofamodell auch einmal über das Aquarell, um festzustellen, wie das Möbel mit einem grossblumigen Chintz überzogen aussehen könnte. Wenn es nicht unbedingt notwendig ist, dass ein altes Möbel stilgerecht bezogen wird, so sollte man Muster und Farben zur Umgebung passend wählen.

Restenteppich

Weben Sie einmal einen Teppich, bei dem jeder Streifen mit Erinnerungen verbunden ist. Als Grundton wählen Sie Grossmutters geblumte Schürzen und die ausgewaschenen, von der Sonne gebleichten Stoffe von Kinderkleidchen.

Wenn es sich um Ihr erstes Stück handelt, benötigen Sie einen Entwurf oder eine Arbeitsvorlage. Wenden Sie dafür einen Massstab von 1 : 10 an, so bedeuten 1 cm auf dem Papier 10 cm beim Werkstück. Wägen Sie die Stoffresten, und schätzen Sie nach dem Gewicht, wie weit jede Farbe reicht. Verwenden Sie nun den Farben der Resten entsprechendes Papier, und schneiden Sie davon im richtigen Massstab die Streifen zu. Zur Darstellung der bunten Stoffe bemalt man das Papier zuerst mit Fettstiften und dann mit Wasserfarben. Mit den Papierstreifen experimentieren Sie, bis Sie ein gefälliges Muster für den Teppich haben.

Dieses Vorgehen ist sehr praktisch, da man die Streifen gut kombinieren und verschieden anordnen kann. So erhält man viele Dessins mit ganz unterschiedlichen Charakteristika (siehe Seite 19).

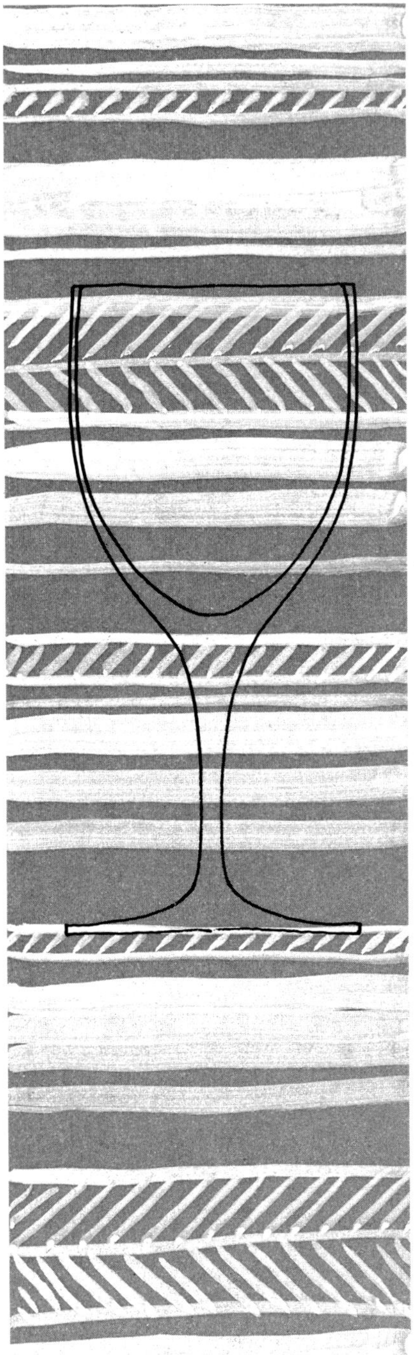

Weiss auf Weiss

◁ Wenn Sie vorhaben, transparente Materialien zu dekorieren, wie zum Beispiel Glas, Plastik oder dünne Stoffe, so kann man die Entwürfe mit nur schwach aufgetragenen Farben auf Pergamentpapier oder mit Deckweiss auf grauem Papier ausführen. Wenn Sie sehen wollen, wie das Dessin mit der zu dekorierenden Form harmoniert und wo man den Dekor am besten anbringt, kann man die Umrisse des Gegenstandes auf eine durchsichtige Folie zeichnen und diese über den Entwurf legen.

Studien mit Strukturen

Mit plastischen Verzierungen kann man sehr einfach Streifendessins herstellen. Diese Technik ist eine der ältesten, mit der zum Beispiel Tongefässe dekoriert werden. Beim Holzschnitzen und bei Textilien wird sie ebenfalls angewendet.

Will man etwas zur Ausführung in dieser Technik entwerfen, so eignet sich verschieden strukturiertes Papier, wie zum Beispiel Wellpappe, Packpapier oder Tapeten, sehr gut. Wellpappe gibt es in verschiedenen Ausführungen, und die Streifung lässt sich unterschiedlich verwenden. Denken Sie auch daran, dass viele Papiere eine interessante Rückseite aufweisen.

Tonkrug aus Italien mit reliefiertem Zickzackdekor, etwa 7. Jahrhundert v. Chr.

Stilmöbel

Die Farbskala für Möbelstoffe hat sich immer wieder verändert. Einmal waren kräftige, dann wieder sanfte Farben in Mode. Will man sich an die Originalfarben einer bestimmten Epoche halten, so muss man dies bedenken, wenn man einen Möbelstoff wählt.

In der Zeit Gustavs IV. (er regierte von 1775 bis 1809) zog man zum Beispiel Streifendessins und bunte Farben in sanften Tönen in Leinen und Baumwolle vor. Für einen Stuhl im Stil jener Zeit wurde das Material ungefähr vor 100 Jahren aus handgesponnenem und handgefärbtem Leinen gewoben. Um dasselbe Resultat mit lebhaftem Charakter zu erhalten, müsste man auch heute gleich vorgehen.

Die Farben rechts oben waren Ende des 18. Jahrhunderts beliebt. Beim Holz wurde die Ölfarbe dünn aufgetragen und nachgeschliffen, so dass die Maserung durchschien.

In der Zeit von Karl Johann XIV. (er regierte von 1818 bis 1844) wurden dunkle Möbel mit feinabgestuften Tönen in Leinen- und in Wollstoffen bezogen. Die breiten, symmetrisch gestreiften Partien verkürzten so optisch vorteilhaft die oft sehr langen Sofas. Die Farben waren zwar gedämpft, aber die Musterung war klar und ausgeprägt. Das abgebildete Streifendessin für den Karl-Johann-Stuhl wurde mit Schnipseln aus einem Farbmagazin entworfen.

Dekostreifen

Beim Entwerfen eines Musters muss man den Verwendungszweck vor Augen haben. Wenn man die Proportionen oder

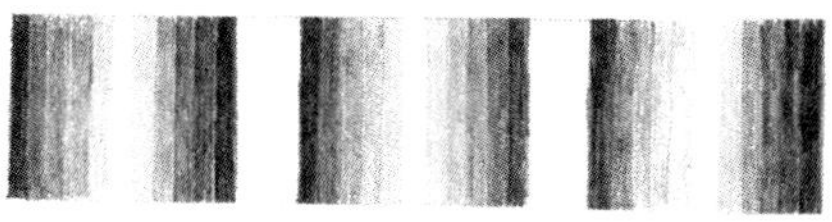

die Farben stufenweise verändert, wird die Fläche gewellt erscheinen. Da ein Teppich jedoch flach liegen muss, sollte er nicht reliefartig wirken. Andererseits kann ein Streifendessin, das sich wellt, für einen Vorhang sehr hübsch aussehen. Hier verleiht der gleiche Effekt dem Material Grosszügigkeit und wogende Fülle.

Die Illustrationen zeigen, dass auch die Breite unterschiedlich wirkt – dunkle Stellen scheinen schmaler als helle.

Gerade Streifen passen fast ausschliesslich am besten zu Stoff, der sich bauscht, während sich windende Streifen eine schlängelnde Bewegung bewirken können.

Wird das Material in Falten gelegt oder gerafft, ergibt sich ein ganz neues Bild, vor allem wenn es längsgestreift ist und dabei einzelne Farben oder Dessins in den Falten verschwinden, was nicht unbedingt erwünscht ist. Andererseits wird dieser Effekt von der Mode oft bewusst ausgenutzt.

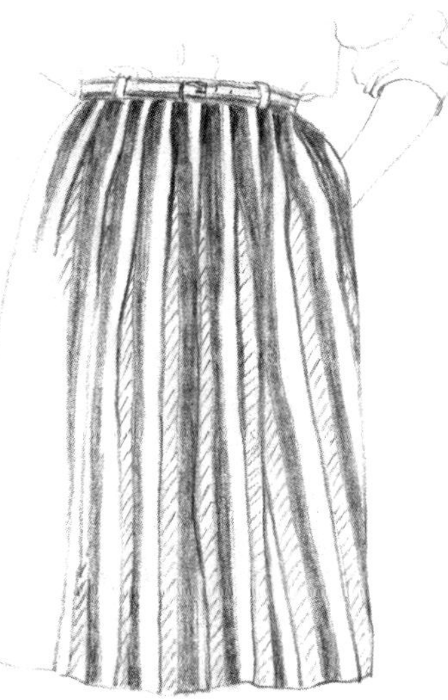

Was auf einer Fläche gewöhnlich und flach wirkt, kann attraktiv und lebhaft auf einer Biegung aussehen. Beachten Sie, wie die Streifen bei der Tischtuchecke spielen. Das strenggestreifte Tuch daneben wirkt hingegen viel besser, wenn wir den Hänger an der Längsseite anbringen.

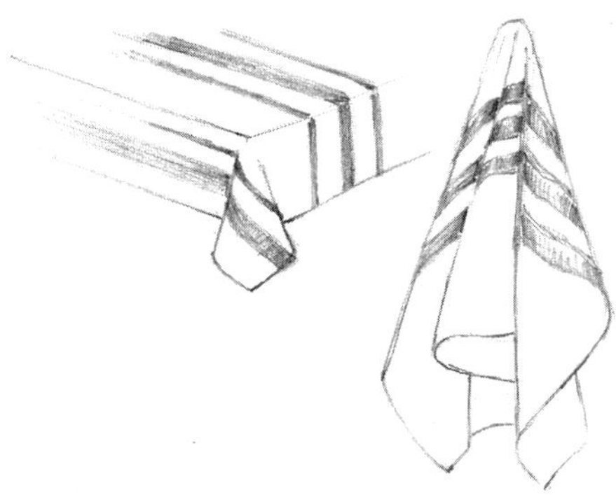

Ein Streifenmuster muss dem Gegenstand und seiner Funktion angepasst werden. Breite Streifen auf einem kleinen Gegenstand dürften schwierig zu plazieren sein. Hie und da wirkt ein unproportioniertes Muster rassig-frech.

Unregelmässige und überraschend plazierte Streifen können erfrischend, herausfordernd und modisch sein.

Streifen können ausgeprägt oder nur angedeutet, gleichmässig und kräftig, unregelmässig und leicht, plump oder haardünn sein. Sie können streng und gerade oder wogend, schlingend und ausdünnend sein. Hie und da ist es schwierig, die Linie zwischen Streifen zu zeichnen, wenn diese ein flächendeckendes Muster in freier Form bilden.

Indem man vor einen Entwurf kleine Figuren setzt, entstehen ganz neue Dimensionen und Möglichkeiten. Aus dem einfachen Streifenmuster wurde ein monumentaler Wandschmuck.

Streifen als Bild

Durch die ausgewogenen Farben und Proportionen erhält diese einfache Komposition in drei horizontalen, einfarbigen Feldern Raum und Tiefe.

Bemalen Sie Papier mit wechselnden Farben, und reissen Sie es dann in unregelmässige Streifen. Fügen Sie diese so zusammen, dass ein interessantes Linienspiel entsteht. Die beim Reissen entstandenen weichen Ränder verdecken die Streifung, und wir sehen eine Landschaft, die uns als Vorlage für eine Stickerei, ein Gemälde oder für eine auf der Töpferscheibe gedrehte Schüssel dienen kann.

Spielereien

Das Zebra ist ein gestreiftes Tier. Die augenfällige Streifung ist die ideale Tarnung für das Tier im Schattenspiel der Akazien in der Savanne.

Zebras von Victor Vasarely

Riesige Streifen schmücken die von Sune Lindström, Stockholm, entworfenen Wassertürme in Kuwait.

Bei manchen Kulturen werden mit einfachen Mitteln Streifen gewoben, die dann zu grösseren Stücken zusammengenäht werden. In Afrika werden solche Streifen oft mit Motiven und mit Querstreifen geschmückt. Dadurch entsteht beim Zusammensetzen ein Schachbrettmuster, und aus einem Streifen werden Vierecke.

Am Anfang des 19. Jahrhunderts fing man mit der Papierherstellung aus Lumpen an. Die Leute wurden aufgefordert, gegen eine kleine Entschädigung Stoffresten an die Industrie zu liefern. Als dann im Laufe des 19. Jahrhunderts damit begonnen wurde, Papier aus Holz oder aus Zellulose herzustellen, konnte die Bevölkerung ihre Stoffresten wieder selbst verwenden. Dadurch wurde die Teppichweberei rasch populär, speziell in Schweden. Zuerst waren die Teppiche nicht vorgesehen, um darauf zu gehen, sondern sie dienten reinen Dekorzwecken bei festlichen Anlässen.

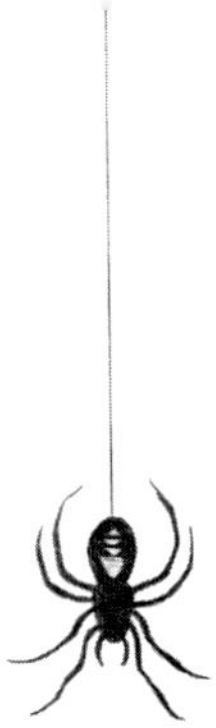

Karos

In der Natur gibt es keine Geraden, und Vierecke sind sanft und unregelmässig. Nehmen wir das zur Kenntnis, so kommen wir zum Schluss, dass Gerade und Vierecke eine Erfindung des Menschen sind. Der Mensch hatte schon immer die Neigung, alles im Leben zu ordnen. Er knüpfte schon vor Tausenden von Jahren Netze und flocht Matten und Körbe mit eckigen Mustern. Seit frühester Kindheit begleiten uns verschiedene Systeme von Quadraten. Wer erinnert sich nicht an die Schulhefte, die Jahr für Jahr mit Zahlen gefüllt werden mussten? Oder an die Hauswirtschaftsschule, in der man aus Vichystoffen Turnsäcke oder Küchenschürzen nähen musste? Oder an all die Kinderspiele wie Halma, Himmel-und-Hölle und die im Viereck gespielten Ballspiele?

Unsere Häuser sind liegende oder stehende Blöcke, dekoriert mit eckigen Fenstern. Beim Fensterdesign finden wir eine Vielfalt von Vierecken: von den aus mehreren kleinen Scheiben zusammengesetzten und von weissen Vorhängen umrahmten Fenstern mit Geranien auf dem Sims über die aus der Jahrhundertwende zusammengefügten Scheiben mit Vierecken, Rhomben und anderen geometrischen Formen aus verschieden farbigem Glas bis hin zu den heutigen, grossflächigen Schaufenstern.

Wir bauen kubische Häuser zum Teil mit verschieden strukturierten Holz- und Ziegelwänden, legen verschieden gemusterte Platten- und Ziegelwege an und dekorieren Wände und Böden mit Naturstein, Keramik-, Ton- und Betonplatten. In anderen Kulturen, zum Beispiel in China und in Japan, wird mit dem Viereck variantenreich gestaltet, wie man bei den mit Reispapier überzogenen Shoji-Paneelen sehen kann.

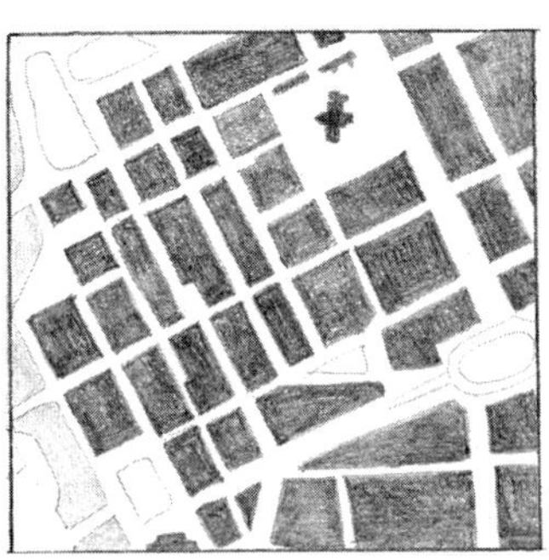

Können wir einmal bei klarem Wetter die Landschaft aus dem Flugzeug betrachten, so breitet sie sich wie eine Patchworkdecke unter uns aus, und die Strassen einer Stadt gleichen einem Netzwerk. Selma Lagerlöf beschreibt die Gedanken von Nils Holgersson beim Flug über Schonen wie folgt: «Da begriff der Junge, dass das grosse, karierte Tuch, über das er gerade flog, die flache Landschaft von Schonen war. Und er begann zu verstehen, warum sie so bunt gemustert aussah. Die hellgrünen Vierecke fielen ihm zuerst auf: es waren die Roggenfelder, die im vorigen Herbst bestellt worden waren und sich unter dem Schnee grün erhalten hatten. Die gelbgrauen Vierecke waren Stoppelfelder, auf denen im letzten Sommer Weizen wuchs; die bräunlichen Vierecke waren alte Kleeäcker und die schwarzen abgegraste Weiden oder ungepflügtes Brachfeld.»

Von einem Bild inspirierte Dessins

Hie und da fasziniert uns ein Bild ganz speziell. Dies kann an der Aussage, am Motiv oder an den Farben liegen.

Verwenden Sie ein solches Bild; fangen Sie die Farben und die Proportionen ein, vielleicht auch eine herausragende Form, und gestalten Sie damit ein Dessin.

Das Bild des Kamelkopfs in einer Oase lässt uns die Wärme des Sandes und das Geschrei des Kamels erahnen. Seine Farben, der enge dunkle Streifen beim Auge und der hochmütige Blick inspirierten uns zu einem Muster mit sanften Tönen und klaren, schmalen, sich überschneidenden Streifen.

Karos und Vierecke

Eine karierte Fläche entsteht, wenn sich zwei Liniensysteme überschneiden und rechte oder schräge Winkel bilden. Hie und da bilden die Linien das Muster, ein andermal sind es die Würfel, die dominieren.

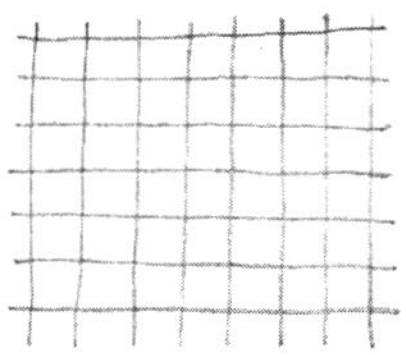

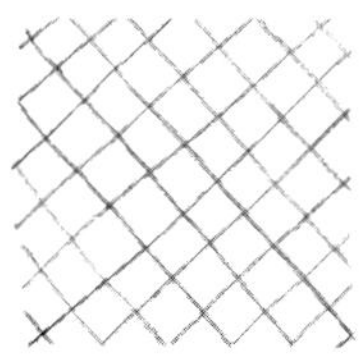

Schotten- und Madrasmuster

Die meisten Webmuster entstehen, wenn Fadengruppen von verschiedenen Farben und Breiten sich kreuzen. Ein Karomuster kann auch mit unterschiedlichen Partien gebildet werden, das heisst mit dem Kontrast von dichten und lockeren Partien, von Struktur und Material oder einer Kombination von beiden.

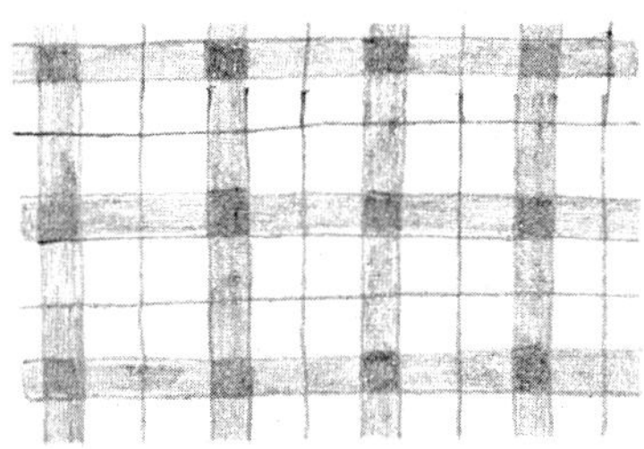

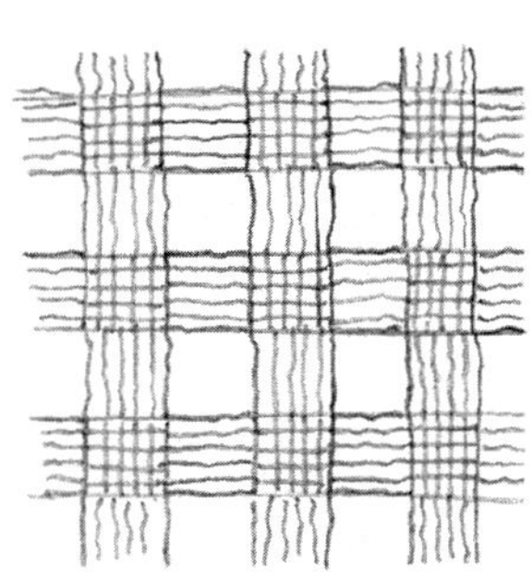

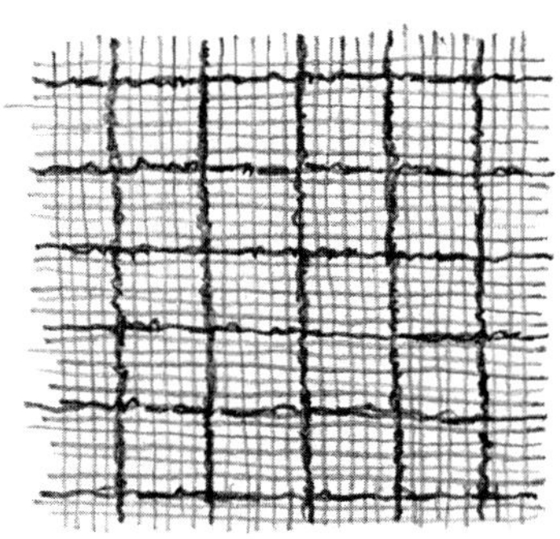

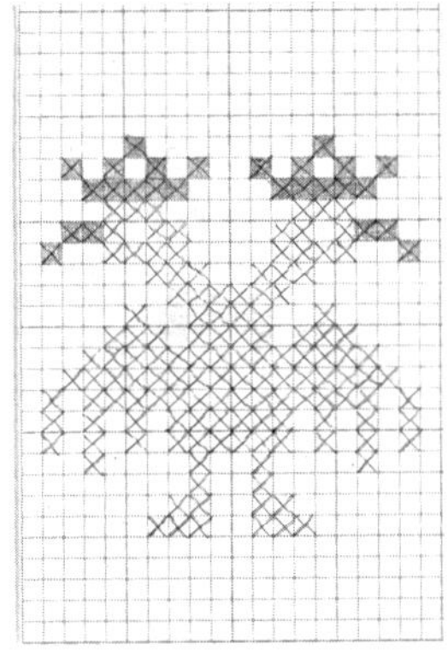

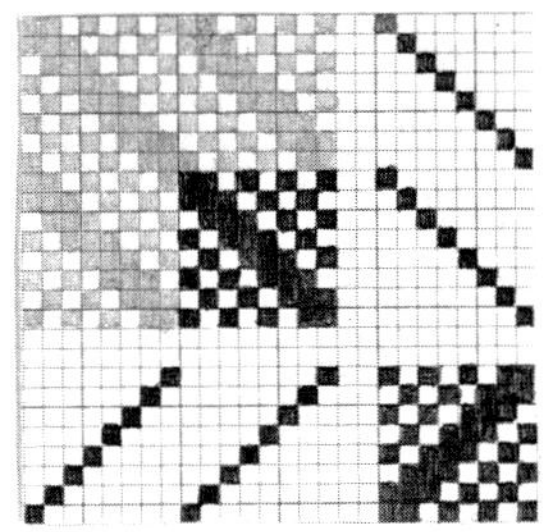

Raster

Auf einem Papier mit Millimeterraster kann man Entwürfe für verschiedene textile Techniken machen: gezählter Kreuzstich, Stricken, Häkeln sowie Perlen- und andere ausgezählte Stickereien. Die ganze Bindungslehre kann auf Millimeterpapier dargestellt werden.

Das Rechteck als Musterelement

Bei vielen Arbeitstechniken werden verschiedene Elemente aneinandergefügt. So können uni oder bunte Rechtecke in einer regelmässigen Wiederholung in Höhe und Breite eine dekorative Flächenmusterung bilden. So mustern wir Stein- und Parkettböden, Klinkerwände oder Decken.

Versetzte Rechtecke

Backsteinmauern bestehen aus verschieden angeordneten Steinen. Je nachdem, wie diese Anordnung aussieht, erhält sie, wie man bei den folgenden Abbildungen sieht, einen entsprechenden Namen.

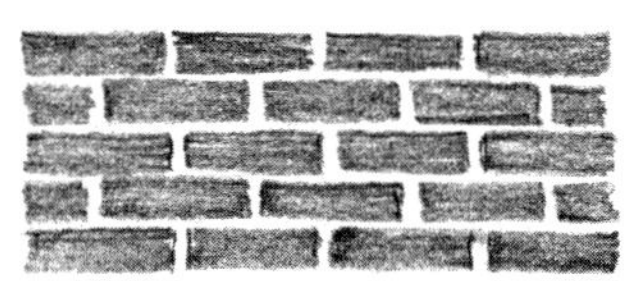

Blockverband

Läuferverband

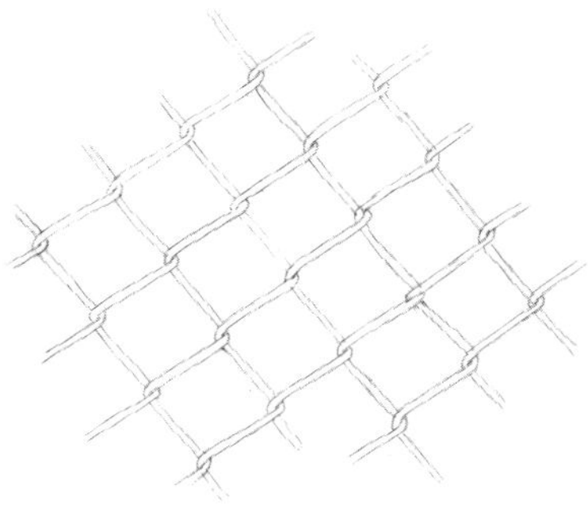

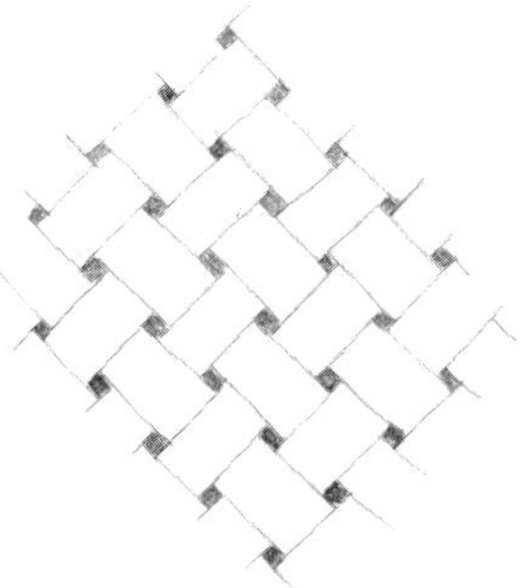

Vierecke können sehr interessant aussehen.

Vierecke auf Diagonalen

Wenn sich Linien auf einer Diagonalen kreuzen, entstehen Rhomben. Auf diese Art wird zum Beispiel Glas geschliffen. Ebenso bilden Rhomben die Dessins der Argylestrickwaren, und Spankörbe werden oft diagonal geflochten.

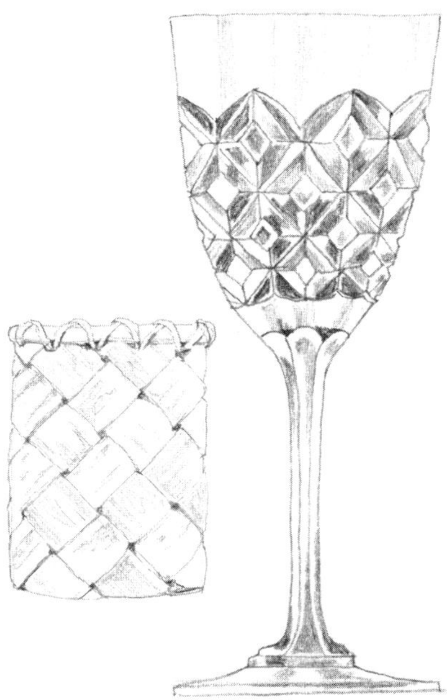

Ausgeschmückte Vierecke

Ein mit einem geometrischen, stilisierten oder abstrakten Motiv gemustertes Viereck bildet ein Muster in sich. Wird es jedoch mit ähnlich gemusterten, weiteren Vierecken kombiniert, entstehen neue Dessins (siehe auch Seiten 49, 52 und 53). Beim Fliesenlegen wird oft so vorgegangen, und viele Patchwork-Quilts sind nach diesem Prinzip zusammengesetzt. Bei der angewandten Kunst ist es üblich, Pflanzen-, Tier- und menschliche Figuren in geometrischer Art zu stilisieren, das heisst, sie einem Vier- oder einem Rechteck anzupassen (siehe auch Seiten 114 und 115). Ein solch dekoratives Viereck erfordert Vorstellungskraft und Übung im Stilisieren sowie eine gekonnte Linienführung.

Von Worten inspirierte Karos

Wie ein Bild so können auch poetische Worte uns veranlassen, in Farben und Formen zu denken.

Bei einer Gruppe, die vorhatte, einen Teppich zu weben, wurde jeder Teilnehmerin ein Zettel mit einem inspirierenden Wort darauf ausgehändigt, zum Beispiel *Wellengang, Südwind, Rotkehlchen*.

Sonnenstrahl mag jemanden zu einer Impression inspirieren, bei der ein heller Streifen dunklere Farben durchbricht.

Waldlichtung erweckt vielleicht die Vorstellung von verschiedenen Grün.

Bei einer weiteren Aufgabe sollte aufgrund eines Wortes, das niemandem zu verraten war, ein Teppich in sanften Farben entworfen werden. Der eine Entwurf wurde mit Farbstiften auf ein grobkörniges Papier, der andere mit Wasserfarben gemalt. Dann betrachtete die Gruppe gemeinsam die Entwürfe und musste raten, was für ein Wort dahintersteckte.

Abend

Meeresküste

▷

Gespiegelte Zeichnung

Bei einer Aufgabe soll mit unregelmässigen Winkeln ein Webmuster entworfen werden, und zwar so, dass die Farben zusammenpassen, wenn sie sich überschneiden. Stellen Sie sich dabei Farben vor, die sich nicht überdecken, sondern miteinander vermischt harmonieren. Das einzelne Blockkaro ist wichtig, auch wenn es nicht ausgewogen ist, da die Farbanteile Ihnen gestatten, sich vorzustellen, wie das Stück fertig oder als Viertel für eine Tischdecke, ein Foulard oder einen Teppich aussehen kann. Die Mitte einer Arbeit bestimmt man am besten, indem man zwei im Winkel aneinandergehaltene Spiegel auf eine Ecke setzt.

Zu einem Tafelservice passender Entwurf

Es sind Blockkaros zu entwerfen, die zu Ihrem Tafelservice passen – ein zierliches, längliches Muster für ein elegantes Porzellan, ein rustikales, ländliches Dessin für Ihr Alltagsgeschirr.

Dieselbe Grundidee gilt auch für die Farben eines Tuchs. Das Stoffdessin sollte als ein Ganzes wirken. Indem man das Muster zu den Rändern hin verdichtet oder ausdünnt, kann man den Eindruck von etwas Vollständigem erwecken.

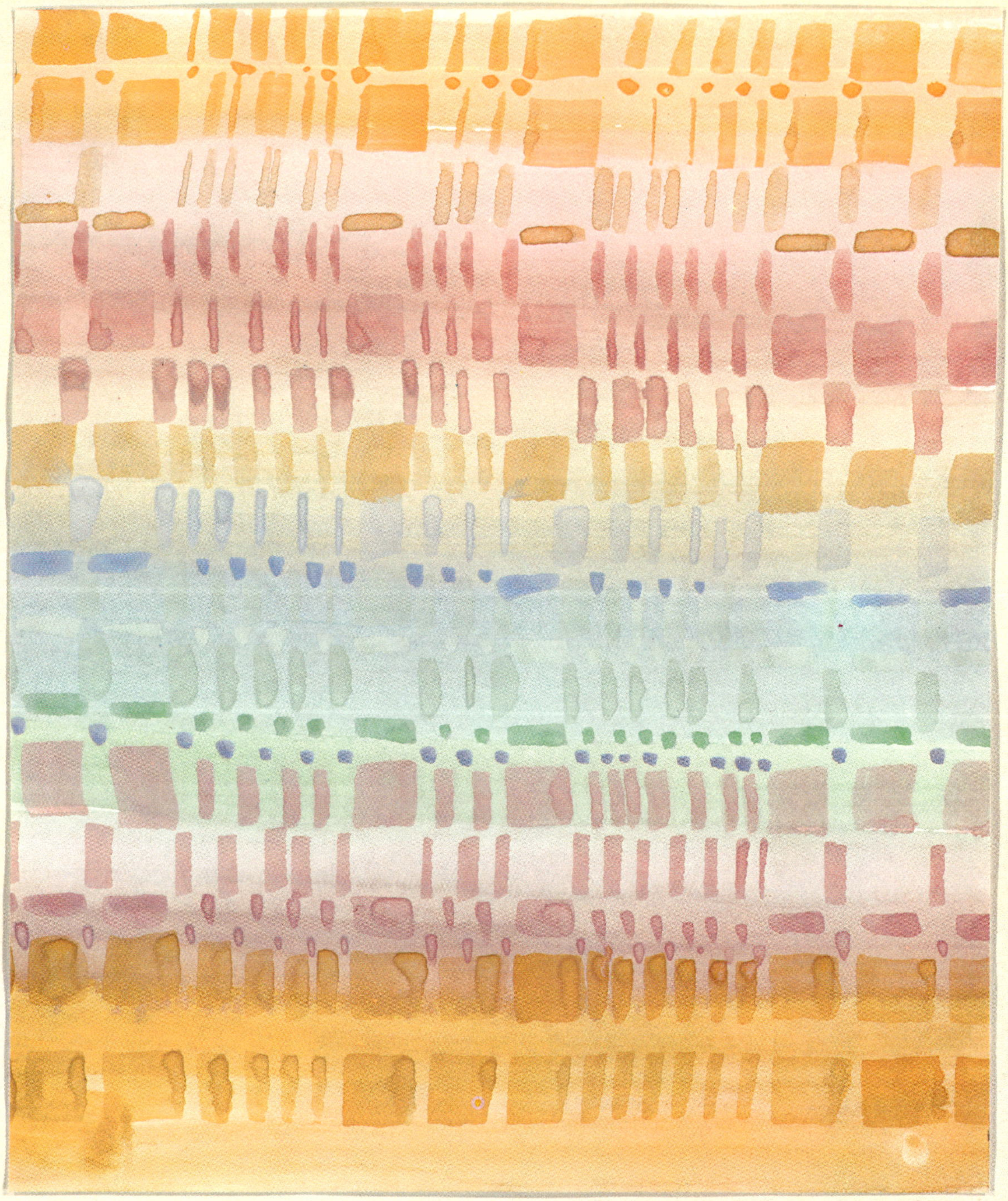

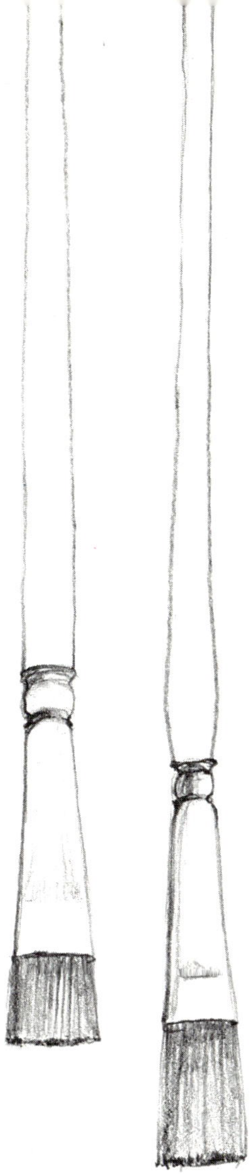

Mit Breitzugpinsel gemalte Vierecke

Es gibt verschiedene, auf Karos aufgebaute Webmuster. Mit Hilfe von verschieden breiten, flachen Pinseln lassen sich auf einfache Weise verschiedene Karos malen. Dabei kann man, je nachdem wie man den Pinsel hält, schmale oder breite Striche ziehen.

Zuerst malt man die Grundtöne auf das Papier. Diese können einfarbig, gestreift, kariert oder gedeckt sein, dann werden gruppenweise die Pinselstriche daraufgesetzt, wobei man sich die Webtechnik vor Augen hält (zum Beispiel Köper, Munkabälte [Mönchsgurt], Doppelgewebe).

Der Entwurf auf der gegenüberliegenden Seite wurde für die Ausführung in Munkabältebindung mit gedeckten Grundtönen vorgesehen. Die oben abgebildete Skizze ist ein Dessin mit altmodischen Farben, auf Umweltschutzpapier gemalt, zur Ausführung in Wolle auf ungebleichtem Leinengrund.

Beachten Sie, dass dieselbe Webart in hellen Pastelltönen bei dem zuunterst abgebildeten Tischläufer ganz anders wirkt.

Halten Sie die Faltungen einmal gegen das Licht, um die gefälligsten Proportionen feststellen zu können.

Kleben Sie die Faltungen an einigen Stellen fest, bevor Sie das Papier in der anderen Richtung falten.

Mit einem Filzstift lassen sich sehr dünne Linien ziehen.

Faltungen mit Seidenpapier

Ein Blockdessin lässt sich auf einfache Weise entwerfen, indem man Seidenpapier zuerst in Längs-, dann in Querrichtung faltet. Da Seidenpapier durchscheinend ist, erscheint es bei den Faltungen dunkler, wo es dreifach liegt, und noch dunkler, wenn es auch noch in der anderen Richtung gefaltet wurde, da es dort sechsfach liegt. Dies ist eine ideale Methode, um gestreifte und karierte Muster für leichte, durchsichtige Gewebe zu entwerfen.

Man sollte mit einem relativ dünnen Seidenpapier beginnen, und zwar mit einem Blattformat A4, da das Format durch das Falten rasch kleiner wird. Achten Sie darauf, dass die Ränder im rechten Winkel sind, so dass die Faltungen gerade Linien aufweisen. Markieren Sie nichts, sondern legen Sie das Papier zum Falten auf ein kariertes Blatt.

▷
Reinweisse Faltungen heben sich sehr schön von einem dunklen Hintergrund ab. Verschieden farbige Blätter können vor dem Falten übereinandergelegt werden. Fixieren Sie die ersten Faltungen leicht an jeder Ecke auf einem dünnen, weissen Papier. Dieses hält man dann gegen ein Fenster, damit die Transparenz sichtbar wird.

Die Farben dieses Holzstosses im Winter waren Inspiration für das links abgebildete Geflecht.

Karierte Stoffe

Geflechte gibt es heute genauso wie in früheren Zeiten und Kulturen. Seit Menschengedenken flechtet man mit Pflanzenfasern, Lederstreifen, Birkenrinde, Haaren, Garnen und anderen schmalen Stoffen Körbe, Matten, Segel, Schuhe, Hüte, Taschen und Schmuck. Auf der ganzen Welt gibt es in Museen Objekte mit komplizierten Flechtmustern.

Durch das Verflechten von Papierstreifen lassen sich für viele Handarbeitstechniken Muster herstellen, zum Beispiel für Bindungen wie Dräll oder Doppelgewebe. Versuchen Sie es einmal mit Leder und Spähnen.

Bemalen Sie ein Papier mit Wasserfarbe, und schneiden Sie es in verschieden breite Streifen. Wählen Sie die Farbe für die Kette (die senkrechten Streifen). Fixieren Sie die Streifen in verschiedenen Abständen am oberen Rand eines Blattes. Dann flechten Sie Querstreifen hinein, so dass ein Karomuster entsteht. Mit zwei weissen Winkeln aus Papier suchen Sie den Ausschnitt, der Ihnen am besten gefällt **(siehe Abbildung links)**. Setzen Sie auch zwei Spiegel im rechten Winkel auf das Geflecht, damit Sie feststellen können, wie das Muster symmetrisch wiederholt aussieht. Lesen Sie mehr über Spiegelungen auf den Seiten 63 und 67.

Das symmetrische Geflecht links lässt sich vielleicht für eine Ledertasche oder vergrössert als Gitterwerk für einen Raumteiler oder Paravent brauchen.

Auch für die unten abgebildete Applikation ist die Basis ein Geflecht. Die Rechtecke und die blassen Farben lassen uns an eine Grossstadt denken, was noch durch die kleinen, schwarzen Eckchen betont wird.

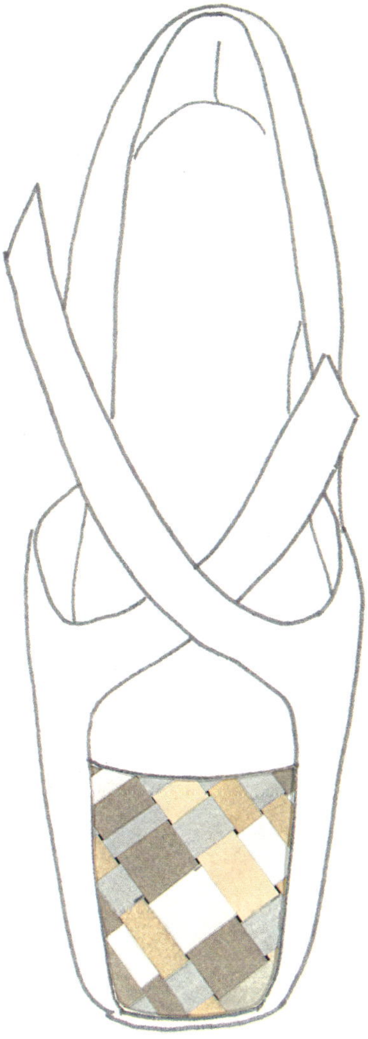

Hier wurde ein ruhiges Flechtmuster für ein Schuhoberteil verwendet.

Hahnentrittmuster

Flechten mit Geschenkbändern

Spielerisches Flechten

Da Geschenkbänder sehr lebendig sind, braucht es zum Flechten eine gewisse Geschicklichkeit, aber man erzielt elegante Resultate damit, da der Glanz des Materials an Goldschmiede- oder an Emailarbeiten erinnert. Man kann mit den Bändern eine ganze Fläche gestalten, oder man legt damit ein Muster über einen kontrastierenden Hintergrund.

Durch bewusste Farbwechsel in Kett- und Eintragrichtung erhalten wir typische Webmuster. Das sogenannte Hahnentrittmuster ist bei geflochtenen und gewobenen Objekten weltweit verbreitet.

▷

Weben Sie mit Ton-in-Ton- oder mit gemusterten Streifen, die Sie zum Beispiel aus Bildzeitungen oder verschieden gekörntem Papier ausgeschnitten haben. Statt schneiden kann man die Streifen auch reissen, entweder so gerade als möglich oder frei geformt. Sie können zerknüllt, zu Bändern gedreht oder zu Zöpfen geflochten werden. Experimentieren Sie auch mit verschiedenen Materialien.

Weben Sie gerade oder schräg, dicht oder locker. Der Eintrag kann ein, zwei oder mehr Senkrechte überspringen, Schlaufen bilden – wie es Ihnen eben gerade Spass macht!

In den 80er Jahren schuf die amerikanische Künstlerin Marjorie Graham Trout die witzige Softskulptur aus Samt und Plüsch Closely Woven Family *(engverwobene Familie). Das Objekt besteht aus 16 Einzelfiguren, die miteinander so verwoben sind, dass es wie eine endlose Umarmung aussieht.*

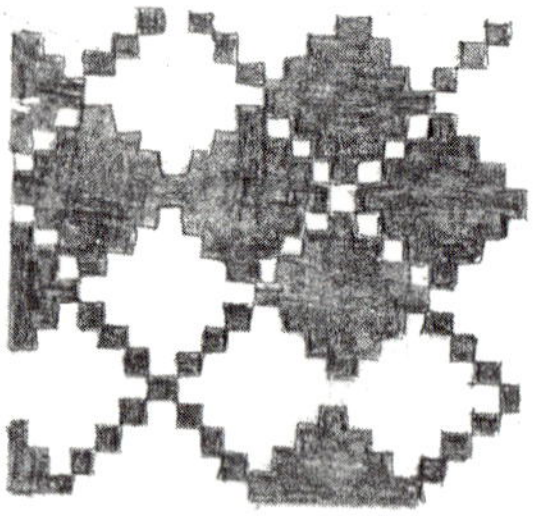

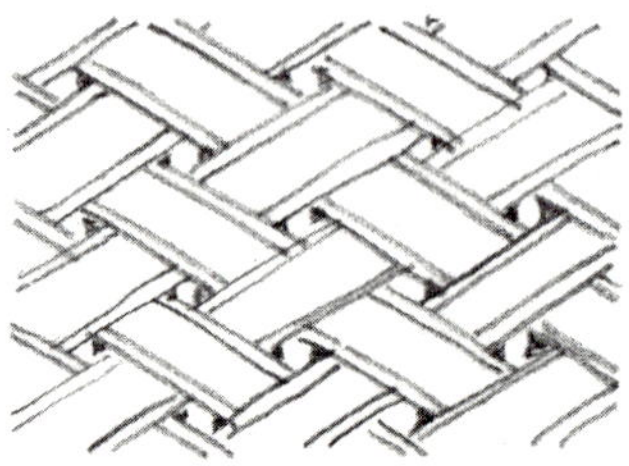

Diagonale

Bei einigen Webtechniken, wie zum Beispiel bei *Pfauenauge* und *Korndräll*, entstehen Rhombenmuster. Ein klassisches Muster bei Stricksachen ist das aus Rhomben bestehende Argyledessin.

◁
Flächendeckende geometrische Muster sind für das südliche und das mittlere Lappland charakteristisch. Als Kerbmuster zieren sie vom Löffel bis zur Skispitze alles. Dabei verflechten sich Linien in rechten oder in schrägen Winkeln. Die zwischen diesen Linien entstandenen Flächen werden mit zwei bis vier zusätzlichen Kerbschnitten ausgeschmückt.

▽
Für das lebhafte Dessin eines Teppichentwurfs wurden diagonale Streifen auf ein Papier gemalt. Dieses Papier wurde in Rechtecke und in Streifen zerschnitten und dann wieder so zusammengesetzt, dass daraus Blöcke entstanden. Versuchen Sie einmal selbst, mit den gleichen Mitteln ein solches Muster zu entwerfen.

Aus Vierecken zusammengesetzte Muster

Für verschiedene Stickereien, wie Kreuzstich, Gobelin und Flammstich, wird auf Millimeterpapier entworfen.

Der gezählte Kreuzstich mit allen Varianten ist eine der ältesten und am weitesten verbreiteten Sticktechniken. Meist werden auf einem hellen, starken Boden Bordüren, Buchstaben oder Motive gearbeitet. Solche Stickereien fand man in koptischen Gräbern schon aus der Mitte des 11. Jahrhunderts. Das unten abgebildete Muster ist ein altenglisches. Hier wurden kunstvoll kleine, schwarze Vierecke zu einem symmetrischen Kreisornament arrangiert.

Kreuzstich wird sehr oft auch flächendekkend gearbeitet, so dass jeder Stich Teil des Ganzen ist. Solche Objekte der Nadelkunst sind uns aus dem 13. Jahrhundert erhalten geblieben. Andererseits können mit der entsprechenden Anzahl Stiche naturgetreue Bilder kreiert werden. Die Hosenträger rechts aussen aus den 1880er Jahren und der Beutel für Nähzeug weisen einen Dekor auf, wie er zur Zeit des Biedermeier auch bei Möbeln und anderen Gegenständen sehr beliebt war. Der Kreuzstich eignet sich von seiner Art her sehr gut für geometrische Muster, wie man an den Beispielen des abgebildeten Hahnentrittdessins und der zeitgenössischen Hosenträger feststellen kann.

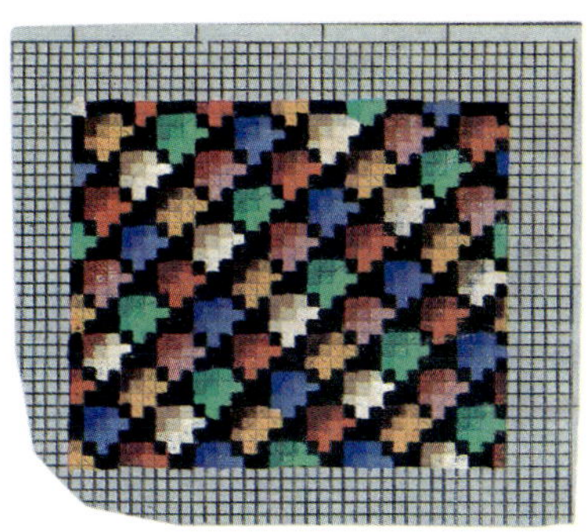

Entwürfe auf Millimeterpapier

Für diese Übung braucht es lediglich Millimeterpapier und Farbstifte oder Farbfilzstifte. Wir beginnen mit einer Anzahl Quadraten, wie 11 x 11 oder 13 x 13. Verwenden Sie nur wenige Farben. Beginnen Sie in der Mitte, und bauen Sie ein Muster auf der Kreuzform auf.

◁

Ein solches Muster eignet sich als Bordüre oder ganzflächig zum Sticken, zum Stricken oder für eine Patchworkarbeit. Es eignet sich jedoch ebensogut für eine Arbeit mit einem harten Material, wie Mosaik oder Perlen, und in einem überdimensionierten Format für einen Fliesenboden.

Werden zwei oder vier gleichgemusterte Quadrate zusammengesetzt, so entstehen dort, wo die Ecken zusammentreffen, neue Muster. Sie können auch bewusst Winkel zeichnen, so dass, wenn diese zusammengesetzt werden, ein interessantes Muster entsteht. Damit die Musterung lebendiger wird und um eine strenge Wiederholung zu vermeiden, können verschiedenfarbige Blöcke aneinandergesetzt werden.

In unserem Beispiel haben wir mit zwei verschiedenen Blöcken eine Strickbordüre entworfen.

▷

Auf der Taschenklappe wurden die beiden Würfel zu einem flächendeckenden Muster zusammengesetzt, das variantenreich mit gezähltem Kreuzstich in Moosgrün und Altrosa ausgeführt wurde.

Scherenschnitte

Hier wird demonstriert, wie aus einfachen Scherenschnitten, die man mit einem Quadrat beginnt, ganz unterschiedliche Muster entstehen können.

Legen Sie dazu vier Lagen Seidenpapier von ungefähr 14 x 14 cm aufeinander. Legen Sie das Papier in beiden Richtungen je einmal in die Hälfte. Damit erhalten Sie vier gleichgrosse Vierecke. Nun werden an den Faltungen Ausschnitte gemacht, nicht aber am Aussenrand. Dann werden die Papiere wieder geöffnet, und die oberste Lage wird weggenommen und auf einen weissen Hintergrund gelegt. Das Resultat ist ein helles Dessin mit schwarzem Hintergrund.

Die drei verbleibenden Lagen werden wieder zusammengefaltet und nun auch am Rand beschnitten. Jetzt haben wir ein dunkles Muster, das sich von einem hellen Grund abhebt.

Die zwei übrigen Lagen können diagonal oder gerade durch die Mitte auseinandergeschnitten werden, wodurch man von jeder Lage je vier Scherenschnitte erhält. Diese können nun mit kleinen Zwischenräumen neu zusammengesetzt werden.

Die Viertel können jedoch auch zu einem Flächendessin geordnet werden, für das man das Einzelmotiv vergrössert oder verkleinert. Das Format und die Farbgebung sind dann entscheidend, für welche Technik sich das Dessin eignet, zum Beispiel für ein Damastgewebe oder für einen Papier- oder einen Stoffdruck.

Für die Abbildung rechts wurde das Flächenmuster auf Transparentpapier gemalt, das dann auf einen blauen Halbkarton geklebt wurde.

Musterwechsel

Werden ähnliche Vierecke verschieden zusammengesetzt, so entsteht jedesmal ein neues Dessin, und zwar je nachdem, wie unsere Augen gleichwertige Farbflächen wahrnehmen.

Die Patchworkarbeit links im Bild ist aus Blöcken zusammengesetzt, die jeweils aus einem Achteck mit je vier hellen und vier dunklen Dreiecken bestehen. Die Blöcke wiederum sind so aneinandergereiht, dass helle und dunkle Dreiecke aneinanderstossen. Die Dreiecke in den Ecken jedoch sind immer weiss.

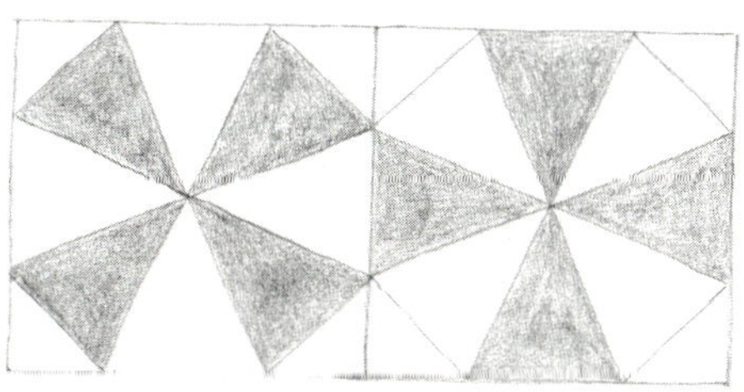

Sind die Blöcke einmal zusammengesetzt, so verschwindet ihre Viereckform und wir sehen grosse, weichgeformte Sterne, helle Kreise oder Windräder.

Wenn sich der Eindruck auf diese Art verändert, so bezeichnen wir ein Muster als unstabil.

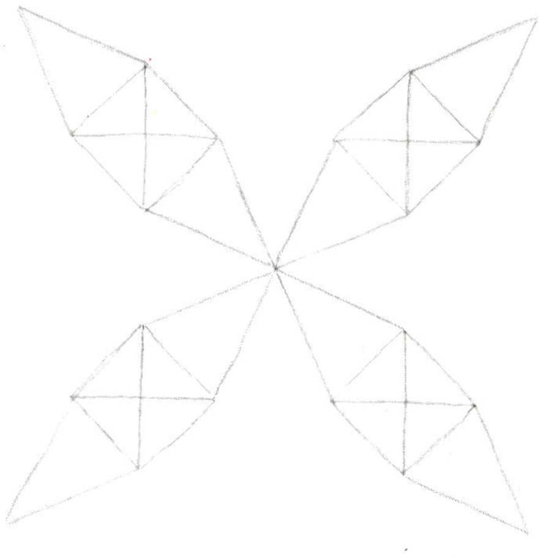

Dieser Ofen von 1914 wurde mit handgemalten blau-weissen Kacheln gebaut. Auf jeder Kachel ist ein von einer Girlande umgebener Blumentopf. Betrachtet man das Muster aus der Nähe, so entdeckt man, dass sich nicht nur die blaue Farbe lebhaft verändert, sondern dass auch die Töpfe verschieden verziert sind und sich die Blumen nicht regelmässig wiederholen. Diese einfachen, für die Handmalerei typischen Veränderungen bei Farbe und Details verleihen dem sich wiederholenden Muster Leben und Charme.

In ein Rechteck gezeichnete Motive

Früher war es üblich, stilisierte menschliche Figuren sowie Tier- und Pflanzenmotive in einer geometrischen Form zu zeichnen. Für die folgenden Beispiele aus verschiedenen Epochen wurden ganz unterschiedliche Materialien verwendet.

Auf der unten abgebildeten Kalkstein-Stele aus Babylon von 2500 v. Chr. sind sumerische Krieger, ausgerüstet mit Lederkappen, langen Wollröcken sowie Speeren und Streitäxten, dargestellt. Das stark stilisierte Bild ist gekonnt in ein Rechteck gezeichnet.

Detail eines Sargdeckels aus dem 12. Jahrhundert mit einer schmiedeeisernen Dekoration aus der Rydaholm Kirche im schwedischen Småland.

Dieses Motiv stammt von einem blauweissen Doppelgewebe aus dem frühen 15. Jahrhundert, das als Grödinge-Wandbehang bezeichnet wird. Bei den mythologischen, in Felder gewebten Tieren handelt es sich wahrscheinlich um eine Adaptation von einem persisch-byzantinischen Seidenstoff. Der Wandbehang aus der mittelalterlichen Kirche von Grödinge befindet sich heute im Historischen Museum von Stockholm.

Detail eines Karna Trusdotter von Östra Grevie auf Schonen 1827 zur Hochzeit geschenkten, bestickten Reisekissens. Die Stickerei wurde mit pflanzengefärbter Wolle auf schwarzem Boden im Satinstich ausgeführt.

Das in einem Rechteck eingeschlossene Blumenornament wurde dem *Handbook of Plant and Floral Ornament* von Richard G. Hatton, erstmals 1909 publiziert, entnommen.

Die Bilder stammen aus botanischen Werken aus dem 16. Jahrhundert mit wunderschönen Pflanzenstichen. Jede Blume füllt gleichzeitig naturalistisch und stilisiert ein Rechteck aus. Solche Zeichnungen waren damals sehr beliebt als Vorlagen für Schnitzereien und Gravuren.

Studien in Museen

Von den Musterschätzen in allen Museen der Welt können wir sehr profitieren.

Lilli Zickerman (1858–1949), Gründerin des Schwedischen Heimatwerks, legte ein gigantisches Inventar von schwedischen Textilien und bäuerlichem Kunsthandwerk an. Sie inventarisierte und dokumentierte 13 000 Objekte mit 24 000 Bildern, teilweise in den Originalfarben koloriert. Die Studien zu Teppichen und Kissen nach Zickermans Farbbildern wurden von einer Textilstudentin der Kunstgewerbeschule Ende der 40er Jahre gemacht. Wir machten Kopien davon mit Tusche und Wasserfarben auf Transparentpapier, das wir nachher mit Kleister behandelten, damit es flach liegt.

Zeitgenössische Hochzeitsdecke aus dem Irak in Kettenstichstickerei. Verschieden grosse Rechtecke und Bordüren sind vollständig mit geometrischen Mustern in leuchtend klaren Farben bedeckt.

Studie mit Wasserfarben nach einer wahrscheinlich 4000 Jahre alten Keramikscherbe aus dem Nahen Osten.

Studie nach einem Vorratsbeutel aus Kamelhaut, wie sie bei den Tuareg in der Westsahara gebräuchlich sind.

Bordüren

Bordüren sind wahrscheinlich die älteste Art, um etwas zu schmücken. Sie entstehen durch das horizontale oder das vertikale Aneinanderreihen von Ornamenten. Das Wort Ornament kommt vom lateinischen *ornare*, was schmücken bedeutet. In der Architektur wird die Bordüre zum Fries. Im Innendekor- und im Möbelbereich sind es Abschlüsse oder Ränder.

Die Natur war schon immer für den Menschen Vorbild für das Musterkreieren. Was er daraus entnahm, hing ab von Epoche, Umgebung und Kultur, in der er lebte. Jede Generation hat die Natur neu interpretiert, indem sie sie in realistische, in stilisierte oder in geometrische Formen umwandelte.

Ursprünglich hatte jede Dekoration einen symbolischen Wert. Für die alten Ägypter war der Lotos Symbol des Wachstums. Wenn sich der Nil nach der jährlichen Überschwemmung wieder zurückzog, entsprang der fruchtbaren Erde als erstes die Lotosblüte. Aus diesem Grunde stellte sie ein Versprechen auf reiche Ernte dar. Die Lotosblüte, als Knospe oder als Blume auf die ägyptische Art stilisiert, findet man als Dekor vielfältig variiert über Jahrhunderte.

Die einfachste Art, eine Bordüre zu kreieren, ist das Aneinanderreihen von Blättern und Blumen. Biegen wir die so entstandene Linie, so erhalten wir eine geschwungene Ranke. Es wird erzählt, dass indische Buben aus Weberfamilien auf folgende Art das Musterzeichnen erlernten: Sie zerpflückten frische Blumen und setzten dann die Teile zu Reihen und Figuren so zusammen, dass neue Pflanzenformen entstanden und damit eigene Schöpfungen wurden.

Machen Sie es wie der indische Junge, pflücken Sie Blumen und Blätter, kombinieren Sie auf verschiedene Arten, und legen Sie sie in Reihen zu einem Dekor auf einem weissen oder einen farbigen Hintergrund. Fixieren Sie die Pflanzen, und legen Sie sie in eine Blumenpresse. Dann legen Sie ein Transparentpapier darüber und zeichnen das Muster nach.

Komposition mit je zwei Blättern von Walderdbeeren und einem einzelnen Hortensienblütchen ergaben hier eine handgemalte Bordüre für ein Briefpapier. Allerdings könnte man das Muster auch mit einem Kartoffelstempel oder einer Schablone machen, wenn man es mehrmals wiederholen möchte.

Geschichtliches

Weltweit kommen einfache geometrische Formen bei schöpferischen Tätigkeiten zur Anwendung, und von alters her werden bestimmte Formen zum Schmücken von Körper, Kleidung und Gebrauchsgegenständen verwendet, wobei auch die schlichteste Form symbolischen Gehalt hat. So symbolisieren zum Beispiel Kreis und Quadrat die Sonne oder das Universum und wurden deshalb

zum Ausschmücken ritueller Gegenstände verwendet.
Ähnliche Dekors, wie die geschwungene Ranke, tauchten unabhängig voneinander in verschiedenen Erdteilen auf. Hie und da kann man zurückverfolgen, wie ein Muster von einem Land zum anderen oder von Kontinent zu Kontinent gewandert ist. Arabesken, die stark stilisierte Blütenranken oder geflochtene Bänder sein können, wurden von den Kreuzrittern aus dem Nahen Osten über Europa nach Irland gebracht, wo man sie vor allem in alten Büchern findet, oder nach Skandinavien, wo sie auf Runendenkmälern oder Holzschnitzereien nachweisbar sind. Heute noch sind geflochtene Bänder bei Stickereien und Damasten beliebt. Auf der Insel Fair, einer kleinen Insel zwischen den Shetlandinseln und Orkney, werden weltweit bekannte, traditionelle Pullover mit Bordüren in kräftigen Farben gestrickt. Diese Muster sind maurisch-spanischen Ursprungs, da ein spanisches Handelsschiff 1588 vor der Insel auf Grund lief. Das Schiff war mit gestrickten Seidenkleidern beladen, deren Muster religiöse und nationale Symbole aufwiesen. Die Inselbewohner kopierten die Motive für ihre wollenen Pullover.

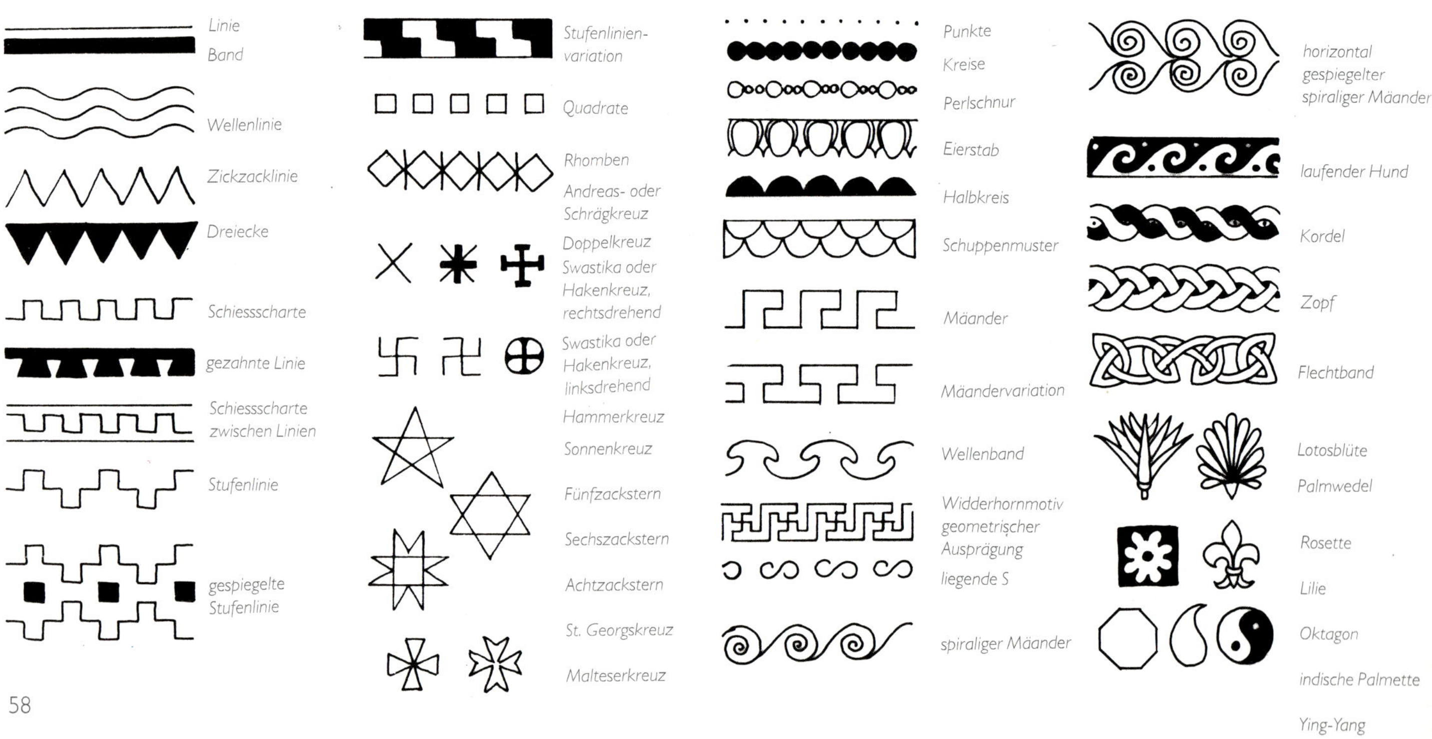

Auch heute noch werden Bordüren mit dem Malteser- und dem Andreaskreuz bestickt. Oktagon und Rose sind typische Motive in Orientteppichen.

St. Georgskreuz

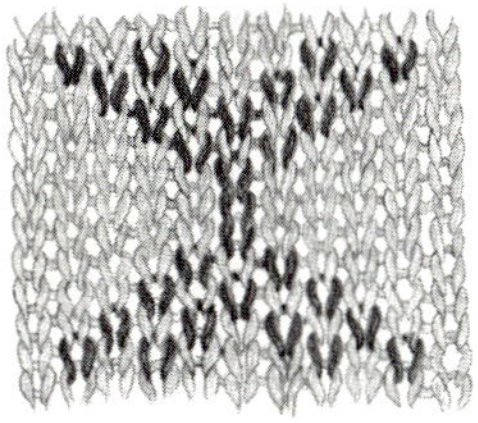

Andreaskreuz

Die meisten dieser Motive werden, obwohl Jahrtausende alt, auch heute noch verwendet, wie das Beispiel des Mäanderkranzes auf dem *Mary*-Keks zeigt oder der buddhistische ewige Knoten des Teppichklopfers aus Rattan und die Lotosblume auf der Nähmaschine. Es gibt eben wirklich nichts Neues unter der Sonne!

Sie sollten mit neuem Interesse Ornamente und Symbole an Architekturdenkmälern, Möbeln, Orientteppichen, Textilien, Bilderrahmen, Kirchenmauern und so weiter studieren. Das Glück, das Sie bei einer Entdeckung empfinden, lohnt die Mühe.

Wie der 4500 Jahre alte sumerische Halsschmuck aus einem im ehemaligen Babylon gefundenen Grab zeigt, diente auch dort die Natur als Vorbild für die aufgereihten Blätter aus gehämmertem Gold.

Der aus dem 13. Jahrhundert aus Dalarna stammende, heute im Skandinavien-Museum in Stockholm stehende Korb für Schafwolle ist reich mit Flechtornamenten dekoriert.

Eine Illustration aus dem *Book of Kells* stellt diese grossartig gezeichneten, miteinander verflochtenen Figuren dar. Betrachtet man das Bild näher, so stellt man fest, dass jede Figur den Buchstaben Q darstellt. Achten Sie auf den Mann, der mit seiner Zehe die Nase seines Nachbarn kitzelt! Vergleichen Sie dieses Flechtornament aus der Zeit um 800 auch mit der Textilskulptur um 1980 auf Seite 44.

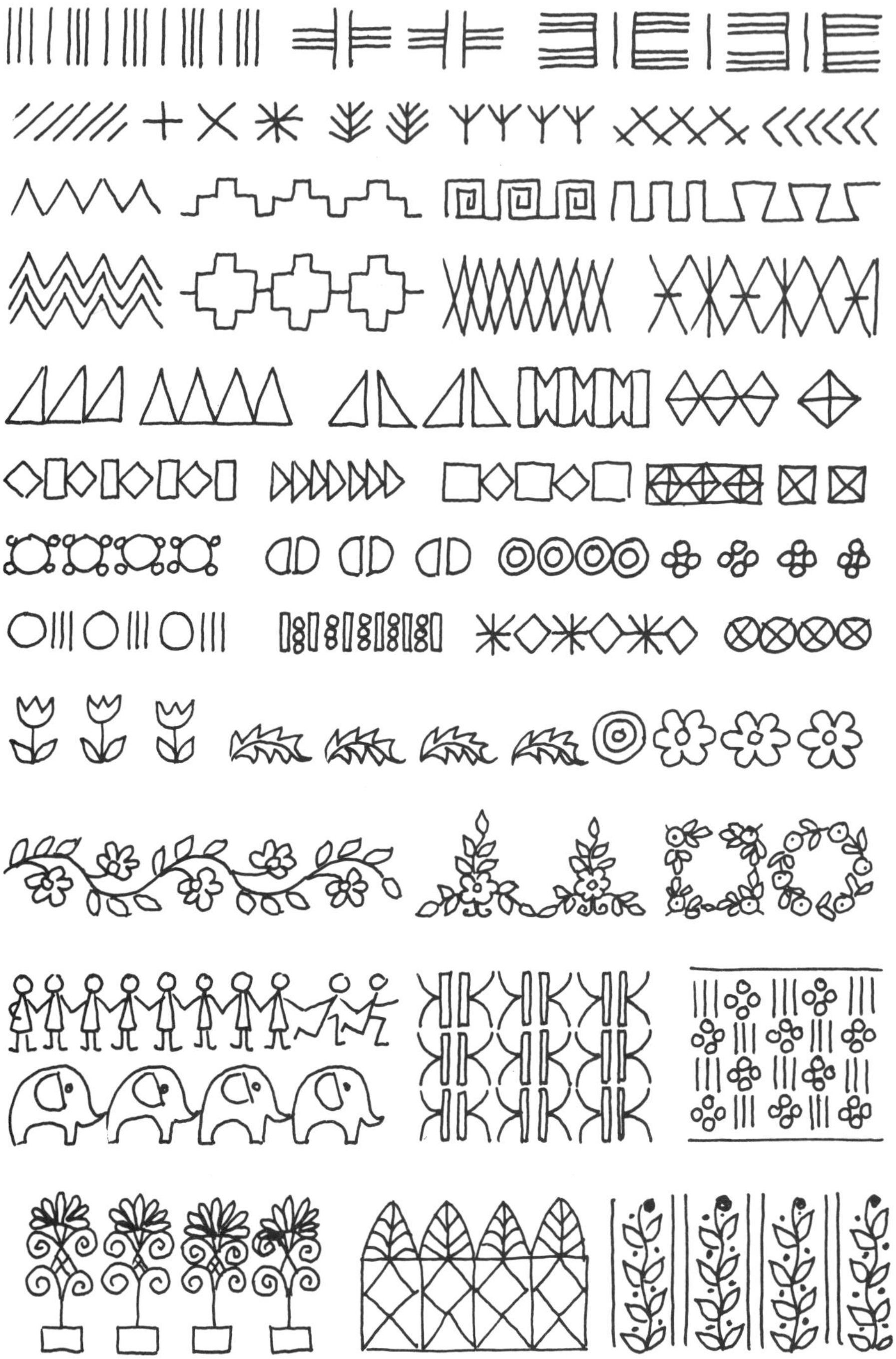

◁

Wie man eine Bordüre entwirft

Obwohl sich viele Musterornamente auf der ganzen Welt gleichen, so scheinen der Fantasie doch keine Grenzen gesetzt, wenn es darum geht, sie zu variieren. Jedes Ornament, ob geometrisch, pflanzlich oder tierisch, figürlich oder gegenständlich sowie Kombinationen von diesen, gehört bekanntlich in eine bestimmte Kategorie.

Will man eine Bordüre entwerfen, so beginnt man am einfachsten mit nur einer Kategorie, und zwar mit einer geometrischen Form, die man aneinanderreiht oder übereinander anordnet. Die einzelnen Figuren können so nahe arrangiert werden, bis sie sich berühren oder sogar überlappen.

▷

Linearer oder flächendeckender Effekt

Ob wir eine Bordüre mit einem Breitzugpinsel malen oder nur bestimmte Felder ausfüllen, das Resultat wird jedesmal ein anderes sein. Sehen Sie sich die Bilder an. Sie werden feststellen, wie aus Linien Bordüren, aus Streifen Quadrate, aus Zickzacklinien Dreiecke und aus Kreisen Figuren werden. Werden die Bordüren eingefärbt, so ist es anschliessend oft schwierig festzustellen, was die Grundform des Musters war. Das Auge hat die Tendenz, Farben der gleichen Qualität wie gleich hell, gleich dunkel oder gleich leuchtend zusammen zu lesen. Verwendet man verschiedene Farbkombinationen, so erhält man damit jedesmal ein anderes Ergebnis.

Der Spiegeleffekt

Es ist wie der Aufbruch zu einem Abenteuer, wenn man zwei Spiegel in verschiedenen Winkeln über Muster, Skizzen, Buchstaben oder eine Zeichnung führt und dabei Widerspiegelungen wie in einem Kaleidoskop betrachtet.

Diese kleinen Fragmente von Seite 56 sind die Basis für alle Bordüren und Spiegelbilderornamente auf dieser und der folgenden Seite.

Spiegel, die man in einem Winkel von 90°, 60° oder 45° zueinander hält, wiederholen das gespiegelte Detail vier-, sechs- oder achtmal. Das obige Dessin entstand durch das Aneinanderhalten von zwei Spiegeln in einem Winkel von 90°. Vier kleine, rosafarbene Blättchen wurden zum Füllen der Mitte hinzugefügt. Die verschiedenen Winkel werden auf ein Transparentpapier gezeichnet. Dann hält man die Spiegel im gewünschten Winkel darüber. Zieht man nun das Papier mit den Spiegeln sorgfältig über das Dessin, so erhält man eine erstaunliche

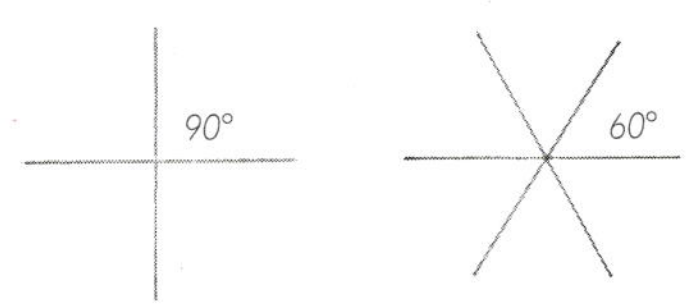

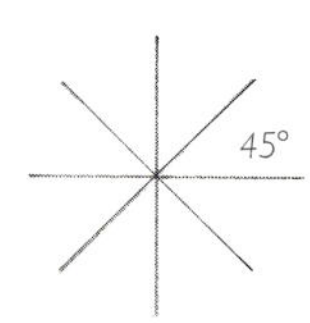

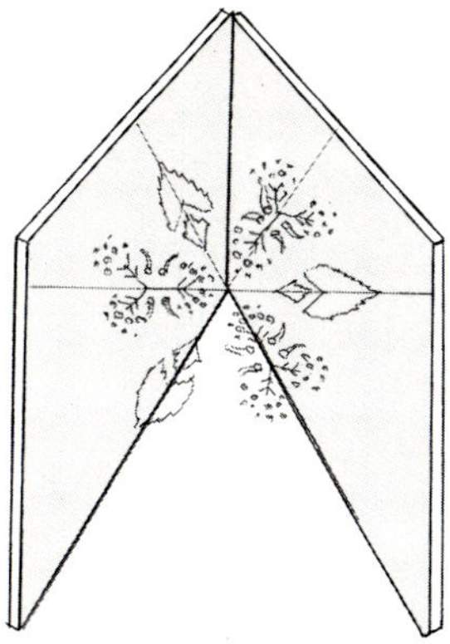

60°

Vielfalt von Mustern. Hat man sich für ein Bild entschieden, so entfernt man die Spiegel und fährt mit einem Bleistift den Details im Winkel nach. Dann wird das Papier den Linien nach gefaltet. Da das Papier transparent ist, kann man nun das ganze Muster nachzeichnen. Eine solche Komposition nennt man ein Mittel- oder Kreisdessin. Dass daraus eine etwas vereinfachte Form entsteht, ist unvermeidbar, es ist jedoch wichtig, dass die Wirksamkeit der Linien nicht verlorengeht.

Ist das ganze Motiv einmal gezeichnet, so muss es nur noch ausgemalt werden. Sollte die Bordüre rechtwinklig verlaufen, so ist es wichtig, dass wir für die Ecken eine gute Lösung finden. Das einfachste Mittel ist wiederum der Spiegel, den wir in einem Winkel von 45° auf die Borte setzen und ihn solange hin und her bewegen, bis wir eine gute Symmetrie gefunden haben (siehe die Abbildungen unten und auf Seite 95).

Die Bordüre wird freier und weicher ausfallen, wenn wir anstelle einer exakten Spiegelung das Dessin bei den Ecken auslaufen lassen. Dazu müssen wir mit einigen Details ergänzen (siehe Seite 62).

60°

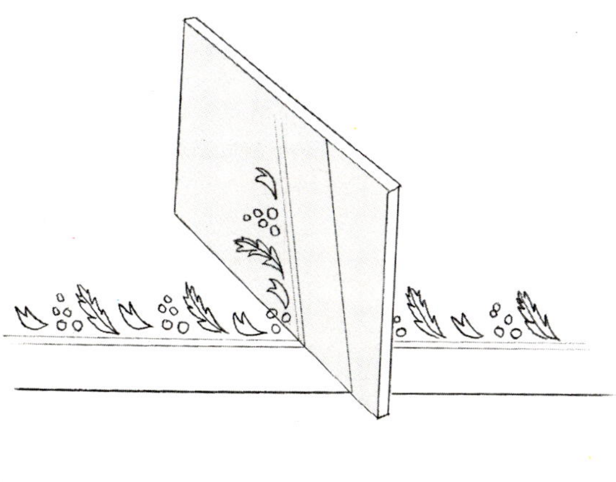

45°

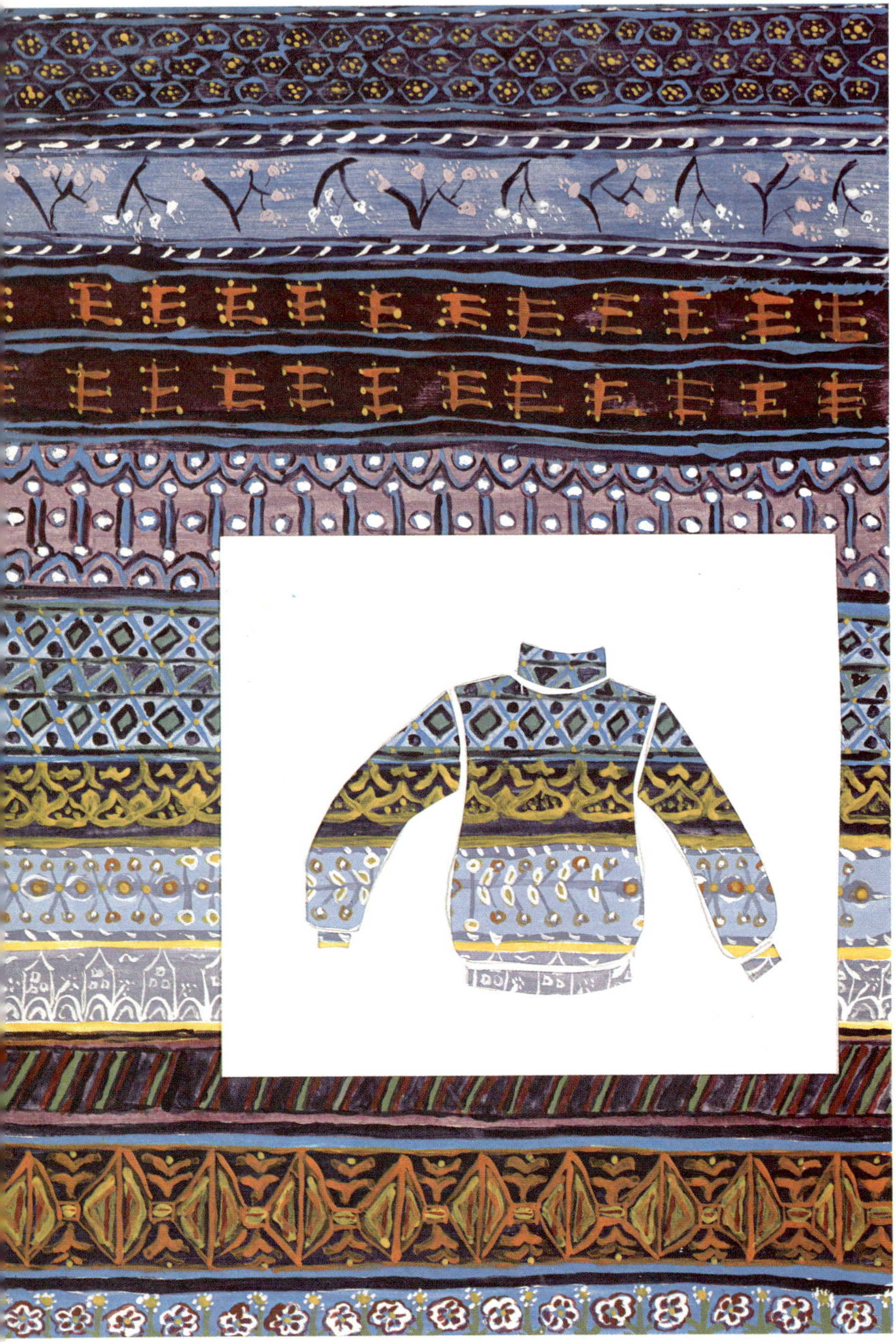

Möglichkeiten zum Entwerfen

Je nach gewünschtem Effekt lassen sich Borten auf verschiedene Arten entwerfen. Um kleine, geometrische Muster zu vermeiden, entwirft man am besten mit Pastellkreide. Damit erhält man grosszügige Umrisse.

Man kann mit den Kreidestiften skizzieren und dann mit zügigen Wasserfarbstrichen darübermalen. Die Wasserfarbe haftet auf den Kreidestellen nicht, sondern nur auf dem Hintergrund (**Entwürfe 7 und 10**). Man kann mit den Stiften auch über einen bereits eingefärbten Grund malen (**Entwürfe 4, 6 und 12**).

Die oft sehr grellen Filzstiftfarben lassen sich etwas dämpfen, indem man damit über ein rauhes Papier malt und dann noch leicht mit Farbstiften darübergeht. Die Vertiefungen im Papier werden so nicht ausgefüllt (**Entwürfe 2 und 8**). Dünne, scharfe Linien lassen sich aufweichen, indem man mit wasserlöslichen Filzstiften zeichnet und dann mit Wasser darüber malt (siehe Seite 70).

Die Holbeinmuster der **Skizzen 3 und 13** wurden mit Wasserfarben gemalt. Bei den **Skizzen 5 und 9** wurde eine Mischtechnik angewendet. Bei **Skizze 1** handelt es sich um einen abgetönten, mit Pastellkreide übermalten Hintergrund. Gerissene Papierstreifen wurden in **Skizze 11** mit Wasserfarben übermalt, dann wurden mit Deckweiss und Stiften noch Muster darüber gezeichnet.

Ganzflächige Streifendessins

Der nebenstehende Entwurf, bei dem verschiedene Streifendessins eine Fläche dekken, wurde mit Acrylfarben gemacht.

Schneiden Sie Ihrem Handwerk entsprechend aus weissem Papier eine Pullover-, Fausthandschuh-, Taschen-, Vasen- oder Schüsselform aus. Indem man mit dieser Form über die Dessins gleitet, wählt man die beste Musterung für sein Objekt aus.

13

6

1

8

5

9

2

4

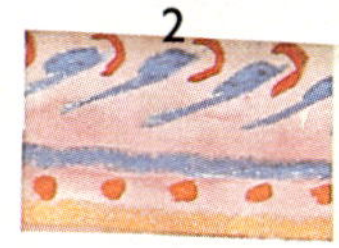

12

10

3

7

11

Einzelbordüren

Man bemalt mehrere Blatt Papier mit seinen Lieblingsfarben. Dann legt man einige Blätter für Unistreifen zur Seite. Die restlichen Blätter schneidet man in schmalere und breitere Streifen. Diese bemalt man, wenn möglich zu Musik, mit gefälligen Mustern.

Hat man mehrere solcher Streifen beisammen, so wählt man einige davon in Farben und Mustern zusammenpassend aus. Diese reiht man dann mit den Unistreifen so aneinander, dass ein ausgewogenes Flächenmuster entsteht.

Auf der Abbildung links wurden in verschiedenen Abständen Bordüren über zwei pastellfarbene Hintergründe gelegt. Beachten Sie, wie gefällig die unifarbenen, schmalen Streifen sind. Sie halten die Dessins zusammen und schaffen weichere Übergänge zwischen Mustern und Pastellgründen. Beachten Sie auch, wie unterschiedlich die Musterungen je nach Hintergrund wirken und wie kleine Veränderungen dem Ganzen ein anderes Erscheinungsbild geben. Mit dem beigen Hintergrund erhält die Oberfläche einen gedämpften Charakter, mit dem rosa Hintergrund jedoch einen zarten, verspielten.

Die Borten können horizontal, vertikal oder kreisförmig erweitert werden. Mit einfassenden Rändern wird ein gemusterter Streifen herausgestrichen.

Zwei in einem Winkel über ein Streifendessin gehaltene Spiegel inspirierten uns zu diesem fröhlichen Schirm. (Mehr über gespiegelte Dessins siehe Seite 62.)

Geometrische Bordürendessins

Betrachten Sie einmal Einkaufstaschen, Einwickelpapier oder die Innenseite von Briefumschlägen etwas genauer, bevor Sie sie zum Abfall werfen. Sie sind oft sehr schön und lassen sich genausogut für Bordüren wie für Ornamente oder für einen Hintergrund verwenden.

Üben Sie die Zusammenstellung von einfarbigen und gemusterten Papieren, indem Sie geometrisch zugeschnittene Formen zu Bordürendessins zusammensetzen. Machen Sie damit einen Rahmen um einen Spruch oder ein Grusswort.

Zickzackmuster

Das bekannte Zickzackmuster ist hier an drei verschiedenen Objekten aus drei Erdteilen zu sehen.

Die Keramikschale aus Simbabwe wurde mit einer Zickzackborte geschmückt. Die umgekehrten Dreiecke wurden in Schwarz gemalt, während die Dreiecke dazwischen einen mit einer stumpfen Spitze eingedrückten Dekor aufweisen.

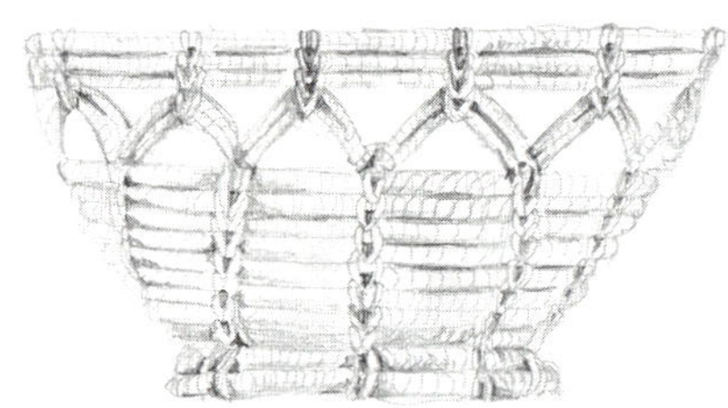

Bei dem Wurzelspankörbchen aus dem nördlichsten Schweden bildet der Zickzack einen Gitterdekor.

Ein Zickzack-Kerbschnittdekor am oberen Rand ziert das kleine Holzgefäss aus Russland.

Buchstabenbänder

Bei Runensteinen bilden die eingeschnittenen Schriftzeichen dekorative Bänder. Textilien aus dem 11. Jahrhundert weisen oft gewobene oder gestickte Bänder mit islamischen, kufischen oder lateinischen Texten auf. Gemälde in Kirchen aus dem Mittelalter sind zusätzlich mit Texten aus gotischen Schriftzeichen geschmückt. Wir folgen deshalb einer alten Tradition, wenn wir eine Bordüre mit unserem heutigen Alphabet entwerfen.

Ein oder zwei kräftig gemalte Buchstaben werden, für eine symmetrische Form auch gespiegelt, als Bordüre aneinandergereiht.

Farbvariationen

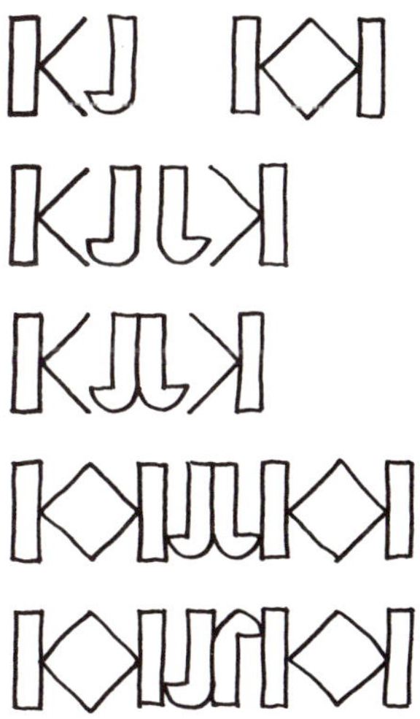

Das Viereckmuster mit dem sternförmigen Mittelmotiv entstand mit Spiegelungen aus dem Buchstabenband. Das Dessin und die beiden Bordüren können als ein Viertel des grösseren Feldes betrachtet werden. Setzen Sie zwei Spiegel in einem Winkel von 90° in die Sternmitte, um das ganze Bild zu sehen.

Spiel mit Linien

Zeichnen Sie in spielerischer Art weiche, geschwungene oder gerade, durchbrochene Linien auf ein Blatt Papier. Am besten verwenden Sie wasserlösliche Filzstifte für diese Übung. Die strengen Linien können anschliessend mit einem in klares Wasser getauchten Pinsel verwischt wer-

den. Dann wählen Sie einen Ausschnitt mit viel Bewegung und wiederholen diesen mindestens zweimal.

Um ein symmetrisches Dessin zu erhalten, spiegeln Sie die Zeichnung.

Bei der Farbgebung lassen Sie Ihrer Fantasie freien Lauf.

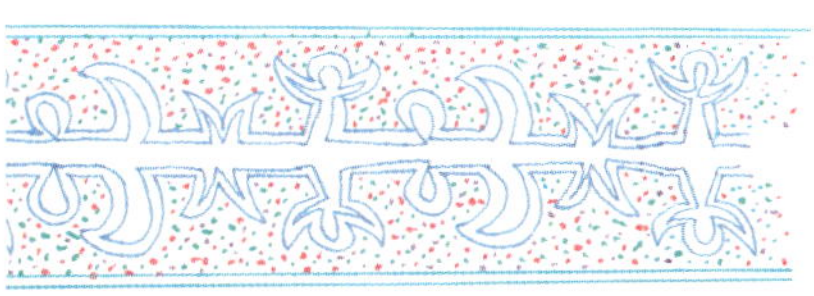

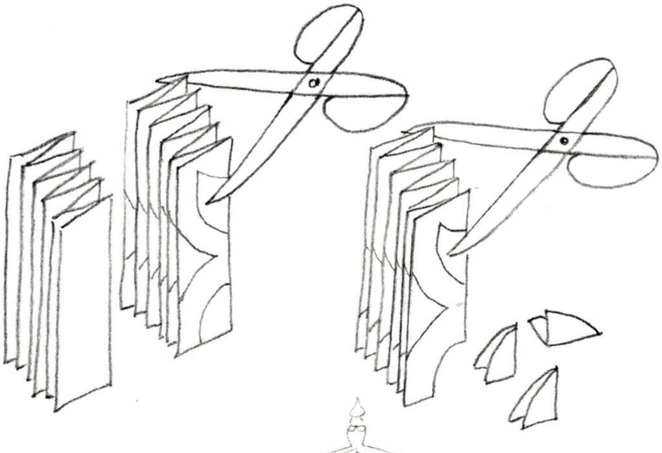

Handorgelscherenschnitt

Falten Sie ein dünnes Papier handorgelähnlich zusammen. Dann machen Sie von zwei, drei oder vier Seiten her Einschnitte. Wenn Sie dann das Papier öffnen, erhalten Sie eine Bordüre mit einem sich regelmässig wiederholenden Motiv. Sollte das Muster noch durchbrochener sein, so falten Sie das Papier erneut zusammen und schneiden weiter aus. Die ausgeschnittenen Teile kann man zum Verbreitern der Bordüre verwenden.

Dieser Scherenschnitt aus weissem Papier auf hellem Grund könnte für ein Pavillongeländer in Holz oder Kunststoff ausgeführt werden.

Scherenschnitte aus Seidenpapier

Seidenpapier findet man in vielen Farben, und da das Papier transparent ist, lassen sich herrliche Farbmischungen erzielen, wenn verschiedene Papiere übereinandergeklebt werden. Es ist deshalb zum Entwerfen von Bordüren ideal. Falten Sie Seidenpapierstreifen handorgelähnlich zusammen, und schneiden Sie zwei, drei oder vier Seiten ein. Öffnen Sie die Streifen, und suchen Sie nun diejenigen aus, die von den Formen und den Farben her zusammenpassen. Kleben Sie sie leicht überlappend zusammen, so dass die andere Farbe zur Umrandung wird.

Auf der Abbildung links sehen Sie, dass sogar die weisse Fläche zum Dekorelement wird.

Mit solchen Bordüren aus Seidenpapier liessen sich Folkloremuster für einen Türrahmen oder ein Türfries entwerfen.

Die Bordüren im Bild rechts oben eignen sich für viele Handwerkstechniken – Weben, Drucken oder Metallarbeiten.

Die Bordüren im Bild rechts unten wurden mit gefaltetem Packpapier hergestellt, dann wurden die Muster oder die Leerräume ausgemalt. Aufgrund der braunen Papierfarbe kann man sich geschnitztes und bemaltes Holz vorstellen.

Hier wurde eine Bordüre als Schmuck für ein Glas verwendet.

▷

Die Bordüren in der Kunst

Die Kunst der ersten ägyptischen Christen wird als koptische Kunst bezeichnet. Wir finden Sie in Architektur und Malerei, bei Metallarbeiten und Textilien. Fragmente von koptischen Textilien aus dem 4. bis 7. Jahrhundert gehören zu den ältesten und wertvollsten in der Textilgeschichte. Bordüren, Paneele und Medaillons wurden eingewoben oder auf sonst schmucklose Gewänder genäht.

△
In Polen werden Bordüren und Blumenornamente aus schwarzem Papier geschnitten und zusätzlich mit kräftig farbigen Ausschnitten dekoriert.

Die Mischung aus Elementen von verschiedenen Kulturen zeigt die Vielfalt von Mustern aus frühester Zeit und die Entwicklung zur mittelalterlichen Kunst bei Wappen, Flechtornamenten, Tiersymbolen usw.

In der Architektur finden wir Bordüren auf Friesen, Geländern, Brüstungen und Zinnen. Eine gitterähnlich durchbrochene Zinne schmückt die Amr Ibn Al-As-Moschee im ältesten Teil Kairos.

Die fünf Stockwerke der Pagode im Toscho-gu-Schrein der Stadt Nikko auf Hondo (Japan) ist mit kräftigen Farben bemalt, und zwar so, dass man den Eindruck von einer Riesenbordüre über der anderen erhält.

◁
Die holländische Jugendstil-Keramikschüssel von etwa 1920 weist Bordüren mit geometrischen und pflanzlichen Motiven auf.

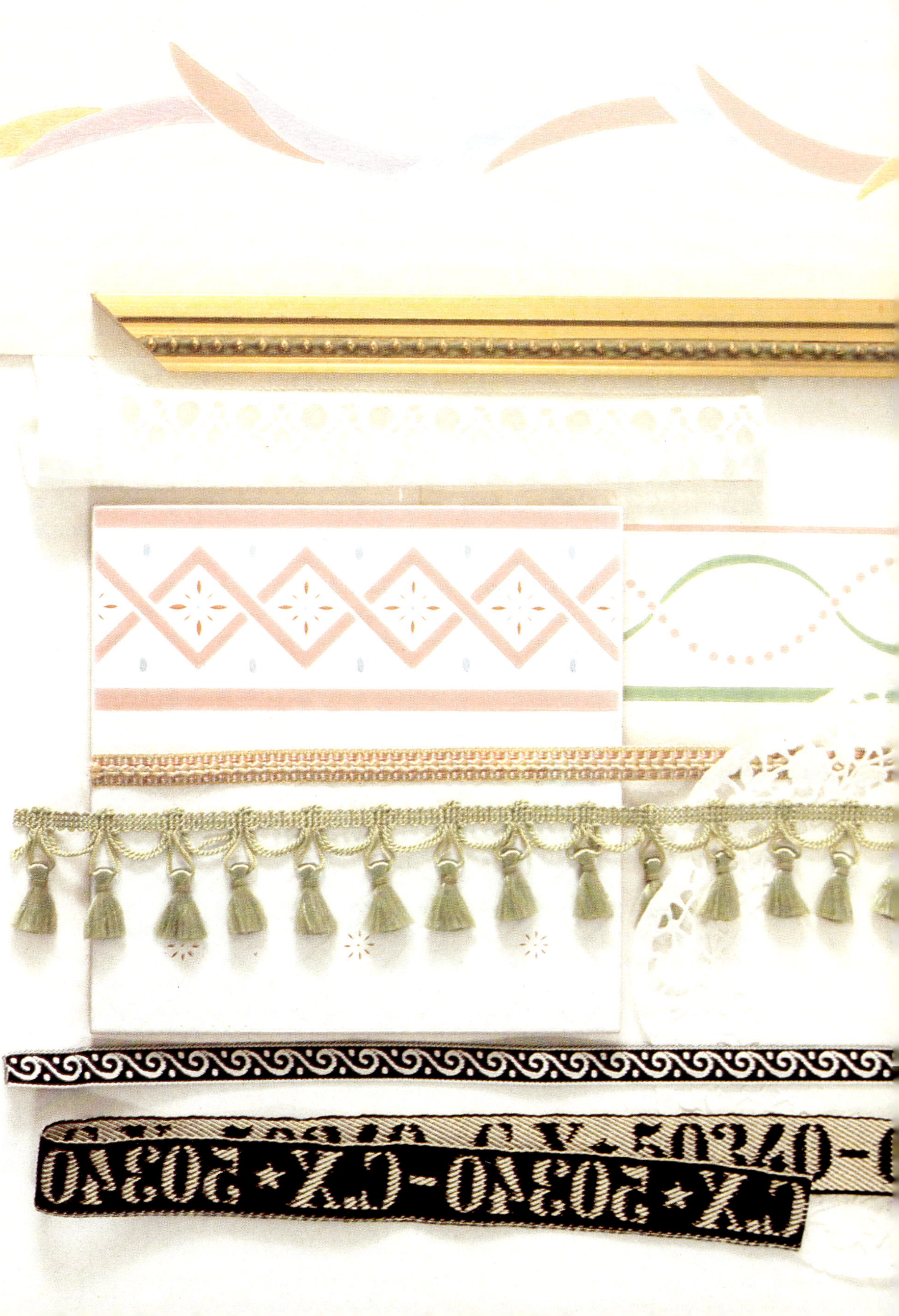

Heutige Bordüren

Wir sehen und begegnen täglich den unterschiedlichsten Bordüren, zum Beispiel auf einem Band, einer Tapete oder einer Fliese. Doch die Franse um den Lampenschirm, der Rahmen um ein Bild, der Spitzenrand eines Tortenpapiers sind ebenfalls Bordüren, obwohl wir uns dessen nicht immer bewusst sind.

Unsere kleine Stadt

Mit Kartoffelstempeln lässt sich ein vielseitiges Flächenmuster herstellen. Für das Dach wurde jedesmal derselbe Stempel verwendet, doch für jeden Abdruck eine andere Farbe gewählt. Die Häuser haben die gleiche Grösse. Um eine langweilige Wiederholung zu vermeiden, wurden jedoch drei Blöcke mit verschiedenen Ausschnitten für Türen und Fenster gemacht, welche dann von Hand ausgemalt wurden. Es wurde aufs Geratewohl gestempelt, und ohne jeweils den Stempel nach jedem Druck auszuwaschen. Dadurch entstanden lebhafte Mischfarben, wie sie nur bei Handdrucken möglich sind.

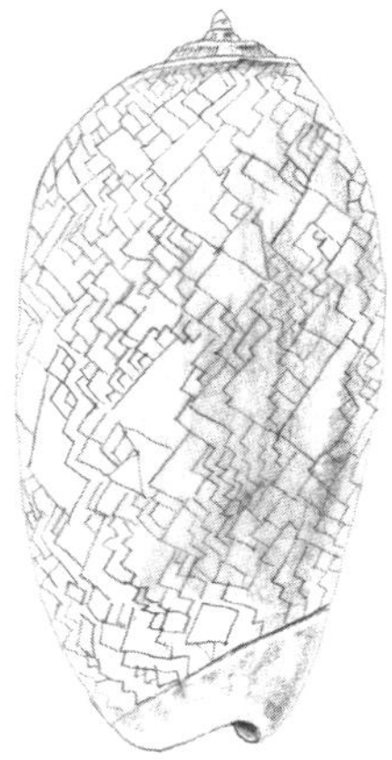

Eine im Indischen Ozean vorkommende Muschel der Molluske Conus textile *mit unregelmässigem Flächenmuster.*

Ein 1000 Jahre altes peruanisches Doppelgewebe mit einem regelmässigen, diagonalen Muster.

Venezianisches Fenster aus dem 15. Jahrhundert mit einem Schmiedeeisengitter als Muster über der Fensterfläche, auf dem Fries und im Fensterbogen.

Flächenmuster

Wenn ein Musterelement oder ein Ornament über die ganze Oberfläche regelmässig wiederholt wird, entsteht ein Flächenmuster oder ein sich wiederholendes Gefüge. Die endlose Wiederholung nach allen Seiten ist das Typische an einem Flächenmuster. Das Dessin kennt keine Grenzen und ist auf Mannigfaltigkeit aufgebaut.

In der Natur kommen sehr viele Flächenmuster vor, doch wiederholen sich dort die einzelnen Elemente nie genau. Entweder sind sie grösser oder kleiner, dichter oder lockerer, und die Farben variieren je nach Musterverlauf.

Dem Menschen stehen viele wunderschöne, sich kunstvoll wiederholende Flächenmuster zur Verfügung. In vielen Kulturen wurden aus Angst vor der Perfektion kleine Fehler hineingeschmuggelt. Damit sollte mit Demut ausgedrückt werden, dass nur der Allerhöchste etwas Makelloses schöpfen kann. Hie und da stellten solche Ungenauigkeiten jedoch auch eine Herstellermarke oder eine Besitzanzeige dar.

Einige Flächenmuster entstanden jedoch auch durch die gegebenen Wiederholungen beim Arbeitsprozess. Zum Beispiel Karomuster auf dem Webstuhl, die durch Struktur oder Farbeinteilung entstehen. Beim Drucken haben wir mehr Freiheit, aber die gegebene Breite und Länge von Stoff oder Papier setzt uns auch dort Grenzen.

Vom Einzelmotiv zum Flächenmuster

Ein einzelnes Ornament kann kein Flächenmuster bilden, auch wenn es die ganze Fläche bedeckt.

Auch nicht zwei nebeneinandergefügte Motive.

Drei oder mehr Motive in einer Reihe ergeben eine Bordüre oder ein Fries. Setzen wir diese Motive auch noch an den Rand eines Gegenstandes oder unterstreichen wir sie mit Linien, so tritt der Bordürencharakter noch mehr hervor.

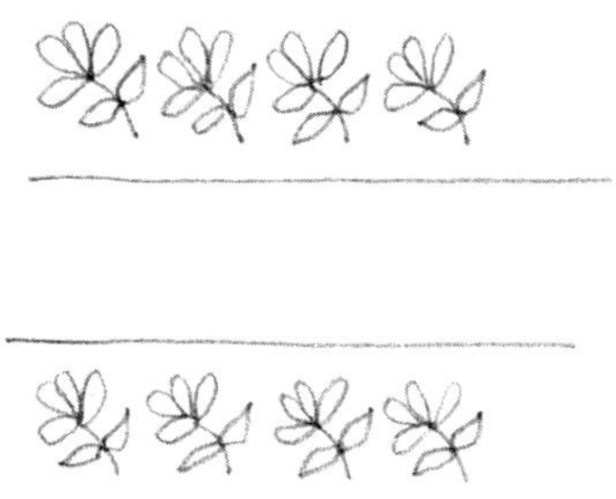

Setzen wir jedoch drei oder mehr Motive neben- und übereinander, so beginnt sich ein Flächenmuster herauszubilden.

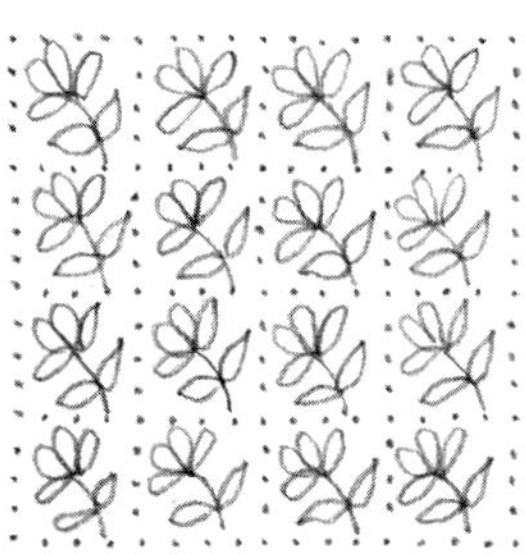

Ein Flächenmuster besteht aus einer Wiederholung und einer willkürlichen Anordnung von Motiven. Mit den gepunkteten Linien werden Stellung und Trennung der Motive betont.

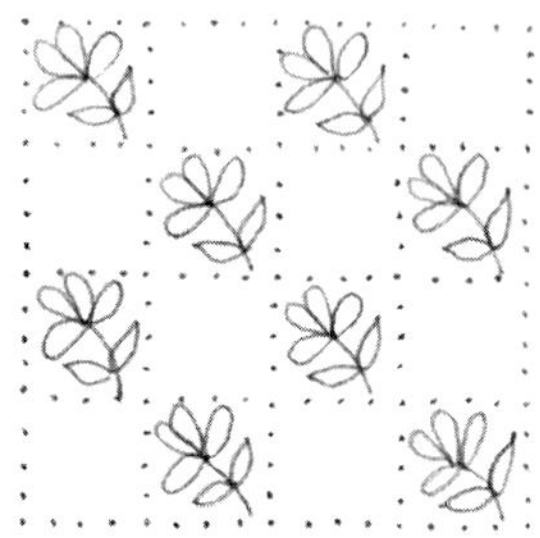

Die durchgezogenen Linien zeigen den Musterrapport, das heisst den kleinsten Teil, in dem alle Elemente vorhanden sind. Innerhalb dieses Quadrats sieht man die Abstände und die Lage der Motive in bezug zueinander.

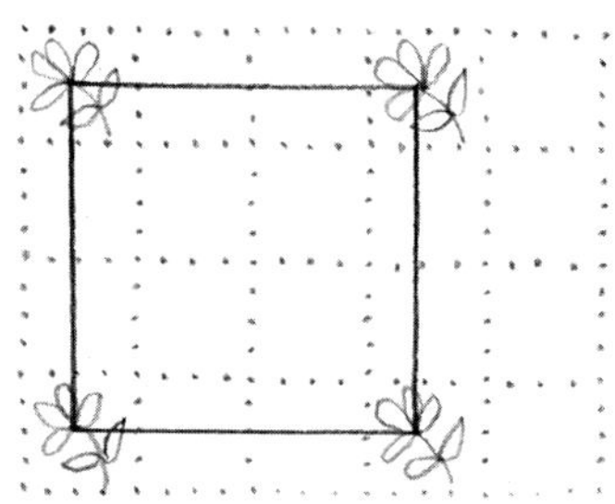

Die Motive können in Höhe und Breite verschoben werden.

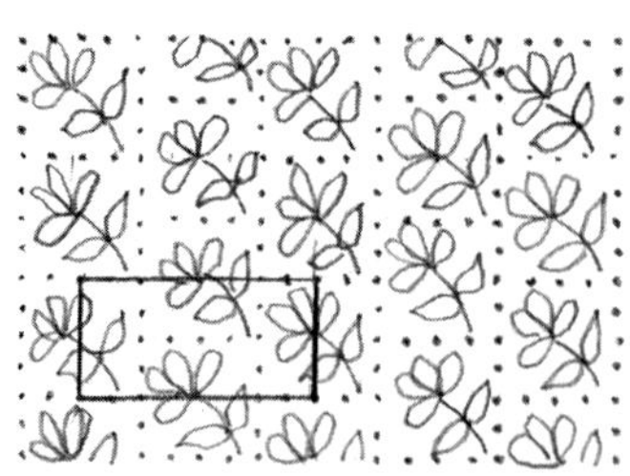

Die Motive können einmal nach oben und einmal nach unten ausgerichtet sein.

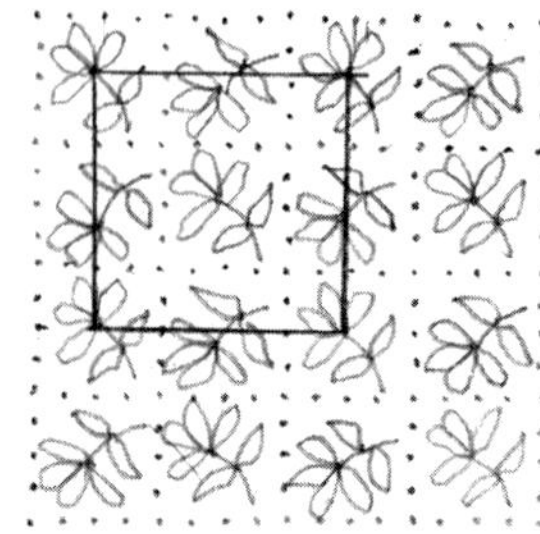

Die Motive können gespiegelt werden.

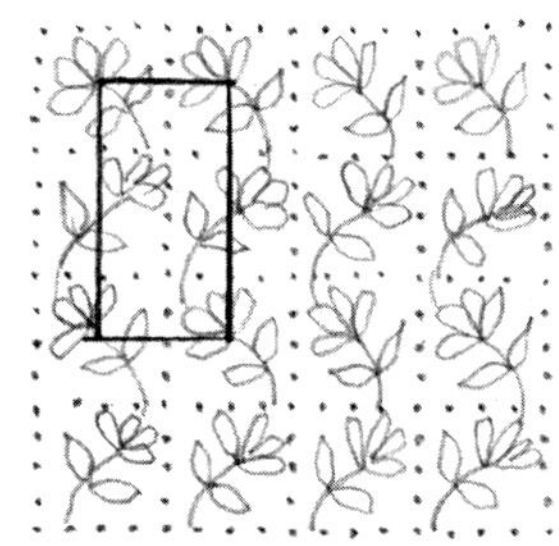

Die Motive können gegenständig sein. Wird dies in der Höhe dichter wiederholt als in der Breite, so erhalten wir ein Flächendessin mit senkrechter Streifung.

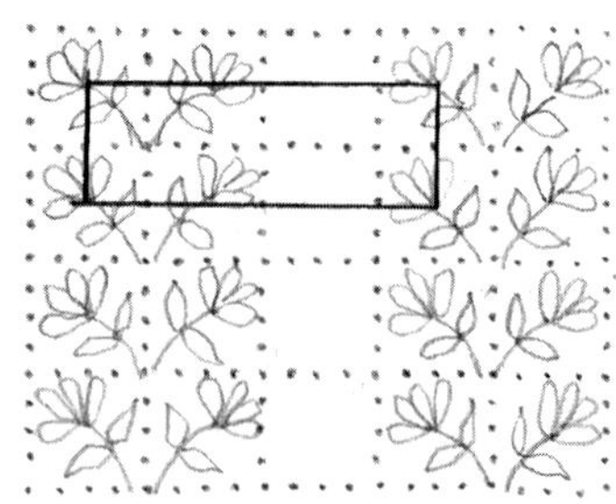

Mehrere Motive können in Blöcken zusammengefasst werden, die dann in gewissen Abständen wiederholt werden.

Die Motive können auch so nahe aneinandergesetzt werden, dass sie sich überschneiden und man nur mit Mühe die Wiederholung ausmachen kann.

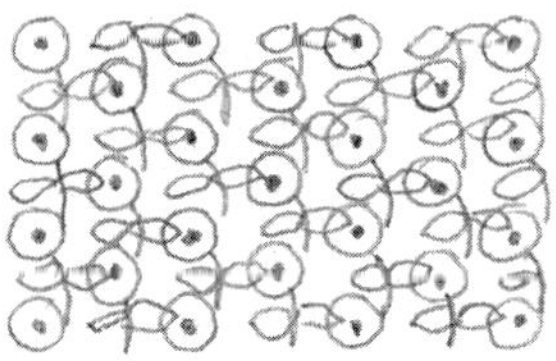

Versuchen Sie, mit einer Form so viele Muster als möglich zu kreieren. Sie werden sehr rasch herausfinden, dass dem Variieren kaum Grenzen gesetzt sind, dass jedoch eine bestimmte Ordnung oder Farbharmonie für ein attraktives Muster Bedingung ist.

Ebenso werden Sie feststellen, dass Muster eine bestimmte Richtung haben. Einige Muster können deshalb nur aus einer Richtung betrachtet werden. Versuchen wir sie umzudrehen, so sehen sie wie auf den Kopf gestellt aus. Solche Muster nennen wir *in einer Richtung fliessend* oder *mit Richtcharakter* (siehe Seite 76).

Richtcharakteristische Muster haben oft naturalistische oder figürliche Motive, die von sich aus senkrecht verlaufen. Bei Textilien nennt man sie dann *hängende Muster*. Vorhänge, Tapeten und Kleiderstoffe weisen sehr oft richtcharakteristische Muster auf.

Andere Muster wiederum haben gar keine Ausrichtung und sehen von allen Seiten her betrachtet gleich aus. Diese Muster werden als *ohne Richtcharakter* bezeichnet. Gesprenkelte Tapeten und kleingemusterte Stoffe mit Punkten oder Streumustern sind ohne Richtcharakter. Dasselbe gilt für geometrische Muster, wie zum Beispiel die Schachbrettmuster der Seiten 82 und 83.

Schliesslich gibt es noch Muster mit einer oder zwei bestimmten Richtungen. Diese nennt man *mehrrichtig*. Bei Textilien sprechen wir oft auch von *hingelegten Mustern*, da man sie sehr oft bei Flachtextilien findet, wie Teppichen. Mehrrichtige Muster dekorieren oft quadratische Flächen, zum Beispiel Decken, Böden, Türfüllungen, Fensterläden, Tore usw. Das Muster kann von der Mitte her nach oben, nach unten oder nach den Seiten ausstrahlen oder von den Linien einer Bordüre her zur Mitte zeigen. Kleine Muster mit einer markanten Richtung können als Vierergruppe zu mehrrichtigen Motiven werden. Setzt man einige solche Motive zusammen, so nehmen sie sich gegenseitig die Richtung, und das Muster wird richtungslos (siehe Muster links oben und auf Seite 90).

Es gibt noch anderes, das die Musterform beeinflusst. Die Rapportgrösse hängt von der Grösse der zu bemusternden Fläche ab. Ist das Muster für ein Innendekorationsmaterial bestimmt, so muss auf die Normbreiten geachtet werden. Ein Musterrapport muss für solche Zwecke einfach teilbar sein, und die Bahnen werden mit Vorteil so entworfen, dass sie mit möglichst wenig Verschnitt zusammengesetzt werden können. Selbstverständlich kann ein Rapport die ganze Breite einnehmen, doch die Höhe des Rapports hängt vom Druckprozess ab.

Mit Stöcken, die aus Holz, Metall, Linol, Kork oder Kartoffeln sein können, kann man in einer bestimmten Anordnung oder ganz willkürlich drucken. Beim Handsiebdruckverfahren hängt der Rapport von der Rahmenbreite ab. Die Rahmen sind meist so gross, dass sie ohne Aufwand von allen Seiten her bedruckt werden können. Beim Rouleauxdruck ist

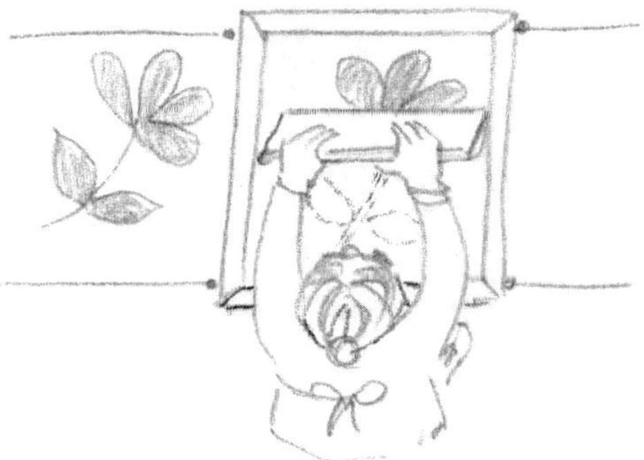

der Umfang der Walze für die Rapporthöhe ausschlaggebend. Ein kürzerer Musterrapport muss sich gleichmässig auf den Walzenumfang verteilen.

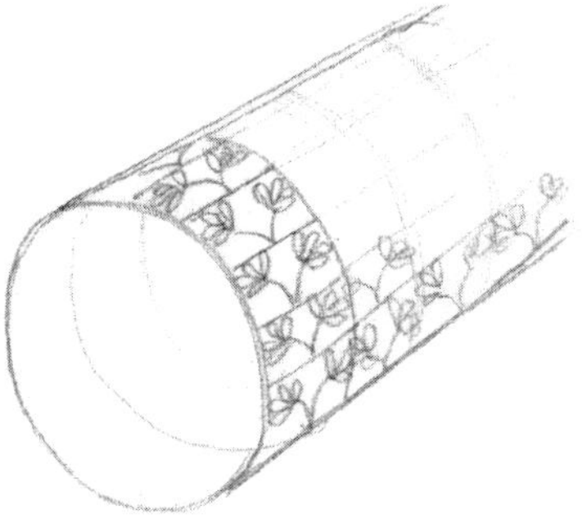

Ein naturalistischer Kartoffeldruck von Jeanne Riss.

Kartoffeldrucke

Die Methode, bei der von einer halbierten Kartoffel ein Stempel herausgeschnitten, eingefärbt und zum Drucken benutzt wird, wurde aus Frankreich von Jeanne Riss nach Schweden gebracht. Als Lehrerin der Kunstgewerbeschule in Strassburg stellte sie ihre P-D-T-Methode (nach dem Wort «pomme de terre») bei einer Ausstellung im Mai 1925 in Stockholm vor. Das Interesse an ihren Vorführungen übertraf alle Erwartungen, und die Methode wurde sehr rasch an vielen Schulen eingeführt.

Mit Kartoffeldruck kann man rasch und einfach ein Muster über eine ganze Fläche wiederholen. Wenn man durch Drehen des Stempels die Musterrichtung verändert, so erhält man eine gute Vorstellung der Möglichkeiten für verschiedene Flächenmuster.

Beim Flächendruck erzielt man gute Mustereffekte, wenn das einzelne Musterelement aus einer geometrischen Form hervorgeht, zum Beispiel einem Quadrat, Rechteck, Dreieck, Sechseck oder Kreis. Beginnen Sie mit dem Ausschneiden verschiedener Formen aus schwarzem Papier. Stimmen Sie die Grösse der Formen aufeinander ab, so dass sich die Formen kombinieren lassen. Dann machen Sie Stempelmuster, indem Sie Rundungen oder gerade Stücke aus den geometrischen Formen schneiden. Klebt man anschliessend die Muster auf weisses Papier, so kann man leicht feststellen, mit welchen Wiederholungen man ein interessantes Flächenmuster gestalten könnte. Die Form wird auf ein Papier kopiert und ausgeschnitten. Dann schneidet man eine Kartoffel in zwei Hälften, legt das Papiermuster auf die Schnittfläche und schneidet den Stempel danach aus. Die herausragenden Teile werden mit einem Pinsel oder auf einem Stempelkissen eingefärbt, dann wird auf leicht saugfähiges Papier gedruckt. Nachher gibt man den Stempel in einen Plastiksack. Auch so wird er aber nur wenige Tage halten. Mit einem auf Karton geklebten Stück Schaumgummi und Farbe lässt sich ein Stempelkissen einfach herstellen.

Stempelmuster

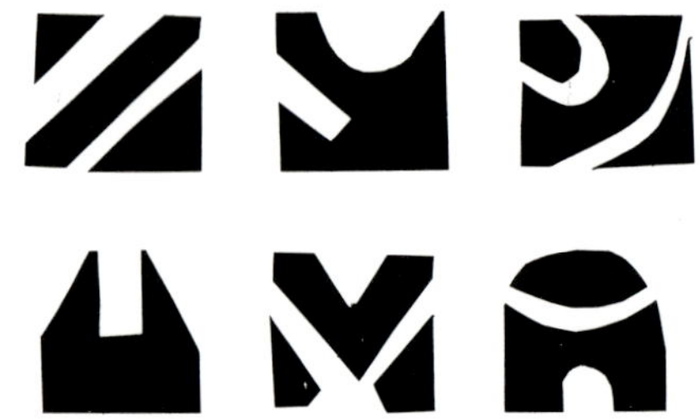

aus einem Viereck

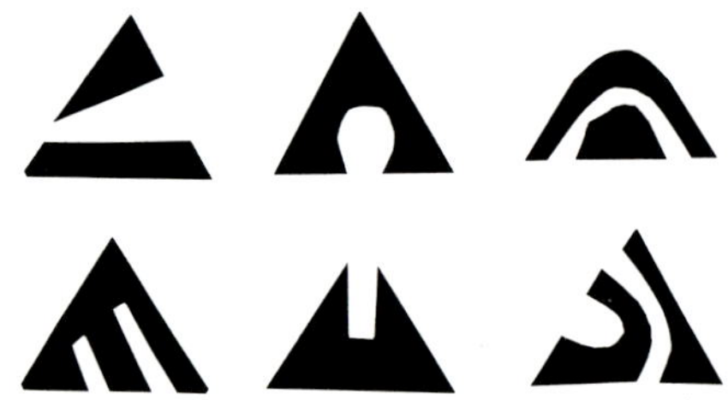

aus einem Dreieck

aus einem Kreis

▷
Schöpfen Sie alle Möglichkeiten beim Drukken aus. Drucken Sie in Reihen, dicht oder spärlich, drehen Sie den Stempel nach oben, nach unten, drucken Sie in Kreisen oder Gruppen. Versuchen Sie eine Kombination von verschiedenen Farben und Formen. Mehr zu dem Thema können Sie auf Seite 156 nachlesen.

Wenn Sie einen Druck über die ganze Fläche wiederholen, so werden Sie sehr rasch feststellen, dass die Abstände eine wichtige Rolle spielen. Einige Motive können so umgedreht werden, dass ein Muster durch die leeren Zwischenräume entsteht, das heisst, es entsteht ein Negativmuster im Gegensatz zum positiven, durch die Farbe geprägten Muster.

Wechseln Positiv- und Negativeffekt miteinander ab, so bezeichnen wir ein Muster als *unstabil*.

Benutzt man einen Pinsel, so können gleichzeitig mehrere Farben aufgetragen werden, wodurch ein Mehrfarbendruck entsteht (siehe obiges Muster).

Das Muster lässt sich durch Farbwechsel und -konzentration ergänzen oder, wie auf dem Bild links unten, durch eine Richtungsänderung des Motivs verändern.

Versuchen Sie es auch mit Drucken auf gemustertem Papier und mit Überdrucken. Auf dem folgenden Bild wurde mit Blau über gelbe Streifen gedruckt, die ihrerseits mit kleinen Vierecken überdruckt wurden.

Auf den beiden folgenden Seiten kann man studieren, wie aus einem einfachen Kartoffeldruck mit zusätzlichen Farben oder mit Überdrucken auf farbigem oder gemustertem Grund und durch eine Kombination verschiedener Stempel reiche Muster entstehen. Bildhafte Drucke erhält man, wenn man den Stempel nicht nach jedem Druck neu einfärbt. Für Stoffdrucke muss man Textilfarben nehmen.

Kartoffeldrucke können für Buchumschläge verwendet werden. Zum Schutz überzieht man sie mit Klarsichtfolie oder einem Lack.

Die in Zweiergruppen galoppierenden Pferde geben dem Flächenmuster eine diagonale Richtung. Zuerst wurde das ungemusterte Pferd aus jeder Gruppe gedruckt. Durch das Herausschneiden von kleinen Punkten entstand der Stempel für das gemusterte Pferd.

Das lockere Muster auf schwarzem Papier wurde mit drei verschiedenen Stempeln gedruckt, für jede Farbe einen. Da das schwarze Papier nicht sehr saugfähig war, nahm es die Farben unregelmässig an, wodurch ein lebhafter, transparenter Druck entstand.

◁
Kartoffeldrucke verwendet man mit Vorteil für Bilder, bei denen ein Motiv aus verschiedenen Formen besteht, wie zum Beispiel Blätter und Blütentrauben. Hier wurde mit wenigen Abdrücken, mit Ausdünnen und Überdrucken Leben in das Bild gebracht.

Flächenmuster aus einer Blattform

Mit einer einfachen Blatt- oder Blütenform kann man verschiedene, reizende Flächenmuster gestalten. Die Form kann unverändert verwendet werden, indem man sie so skizziert, wie sie sich von einem weissen Grund abhebt. Anschliessend verwendet man das Motiv auf verschiedene Arten für ein Flächenmuster. Dabei sollte man darauf achten, dass die Lebhaftigkeit der Umrisslinien erhalten bleibt.

Selbstverständlich kann man die Blatt- und die Blütenformen auch zuerst verändern, indem man sie auf eine geometrische oder eine nichtfigurative Form reduziert (siehe Seiten 102 und 103).

In der obersten Reihe wird das Beispiel von zwei zusammengesetzten Blattformen gezeigt, die man als eine Art Nelke betrachten kann. Die Formen reichen von der Darstellung mit Konturen bis zum ganzgefärbten Motiv auf kleingepunktetem Grund. Experimentieren Sie, und suchen Sie verschiedene Lösungen, bevor Sie eine ganze Fläche mustern.

An den Beispielen können Sie lernen, wie man die Motive drehen und verschieben kann, und wie durch verschiedene Farbkombinationen ganz neue Effekte entstehen. Das Muster ist deutlich zu sehen, wenn der Hell-/Dunkel-Kontrast ausgeprägt ist. Es verschwindet jedoch fast, wenn er nur schwach ist.

1 Konturmotiv auf kleingemustertem Grund. Es ist möglich, dass der Grund vom Hauptmotiv ablenkt.

2 Das Motiv wurde in Reihen angelegt, wobei es jedes zweitemal gedreht wurde. Die daraus resultierende horizontale Linie wird durch die senkrechten grünen Striche gebrochen.

3 Das Motiv wurde mit zusätzlichen Blättern und Knospen ergänzt.

4, 5 Das Motiv wird durch die Konturbetonung vom farbigen Grund abgehoben.

6, 7, 8 Naturalistische Motive heben sich von einem geometrischen Grund ab.

1

2

3

4

5

6 7 8

Mit einem Raster gezeichnete Muster

Ein Raster mit einer einfachen geometrischen Form kann das Entwerfen sehr erleichtern. Legen Sie den Raster unter das Papier oder den Stoff. Das Rasternetz scheint durch und dient als Basis für die Entwürfe.

Wenn Sie die Raster auf der folgenden Seite und auf Seite 156 betrachten, so sehen Sie sofort, dass die Dessins links oben auf einem Dreieckraster, die rechts oben auf einem Rechteckraster und die Dessins rechts auf einem Viereckraster beruhen.

Ideale Raster um zu beginnen, sind Vierecke in verschiedenen Grössen, Dreiekke, Rechtecke oder Tupfen.

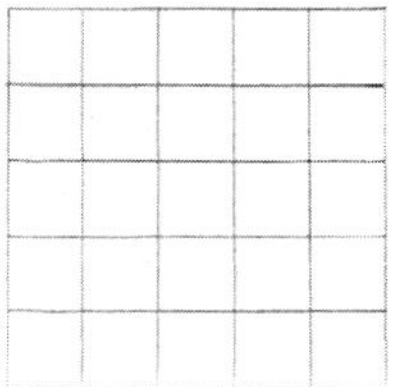

Beginnen Sie mit einem Viereckraster von 1 x 1 cm. Setzen Sie ein Motiv in jedes oder jedes zweite Feld. Die Wiederholung kann verschieden sein: das Motiv weist nach oben, wird in einer Reihe wiederholt, jedes zweite Motiv weist nach unten, oder die folgende Reihe wird versetzt.

Ähnliche Formen können zu Gruppen zusammengesetzt werden, die man dann dicht oder locker streut.

Ein Rechteckraster bietet viele Möglichkeiten. Indem man zum Beispiel das Motiv nur in jedes zweite Feld setzt, entsteht eine lockere Musterung.

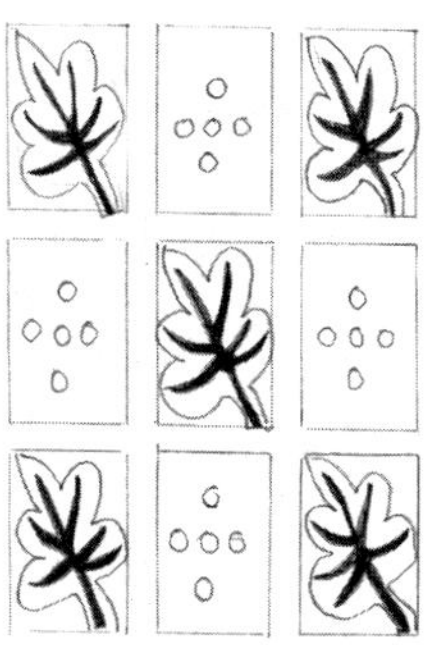

Ranken können sich von einem Rechteck ins andere schwingen.

Ein Motiv kann sich über mehrere Felder erstrecken. Im folgenden Beispiel umfasst ein florales Motiv drei Felder in der Hori-

zontalen. Wird dieses Muster senkrecht wiederholt, entsteht ein Bordürendessin.

Vier liegende Rechtecke bilden die Basis für ein geometrisches Muster, das mit zusätzlichen Dekorelementen in den Zwischenräumen zusammengehalten wird. Setzt man in einem Winkel auf eine

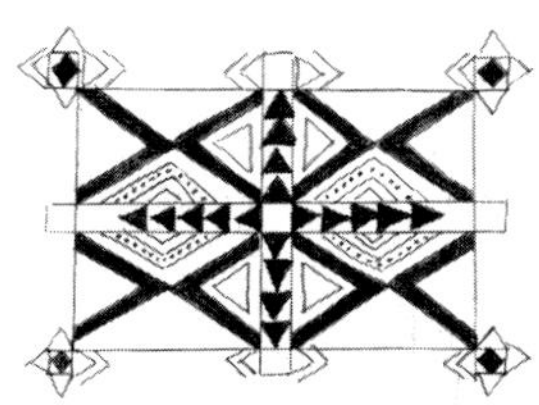

Ecke zwei Spiegel, so sieht man den Effekt der Musterwiederholung.

Mit dem Punkteraster hat man wahrscheinlich beim Entwerfen die grösste Freiheit. Er kann uns zu einem Muster mit Blütenranken oder -kränzen, zu einem

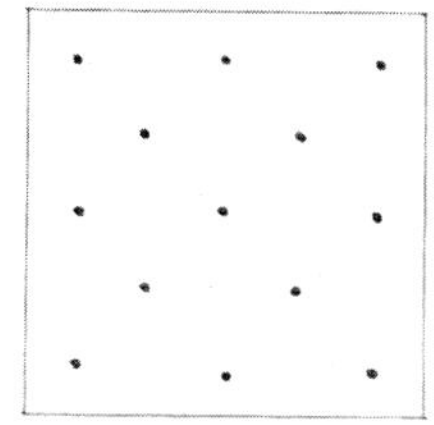

Muster mit lockeren Linien oder einem dichten, geometrischen Muster mit Quadraten inspirieren.

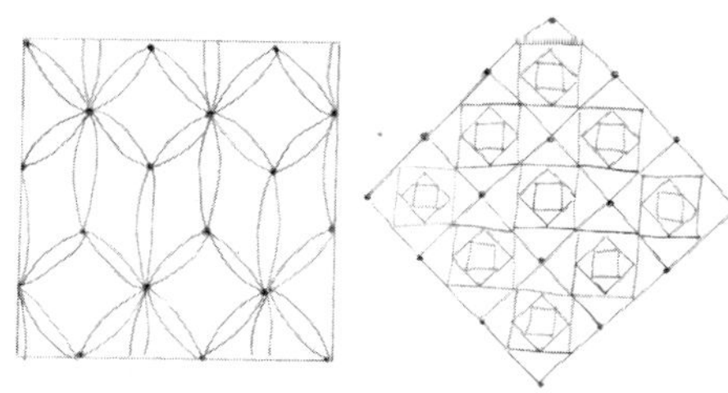

Das Bild zeigt, wie vollkommen verschiedene Dessins aus einem Modell abgeleitet werden können.

Die Verzierungen auf den Gläsern wurden mit Hilfe eines unterlegten Rasters ausgeführt.

Hier wirkten die Quadrate des Rasters als Hilfe für die Musterwiederholung. Ausserdem wurden die Linien als weiteres Element beibehalten. Ihre Strenge gibt einen guten Kontrast zu den weichen Formen der Motive aus der Natur.

Das grüne Motiv hat eine deutliche Ausrichtung nach oben und wird deshalb am besten für einen hängenden Gegenstand verwendet. Wände, Vorhänge und Kleiderstoffe weisen sehr oft Muster mit senkrechter Ausrichtung auf.

Das rote Dessin hat keine bestimmte Richtung und kann deshalb horizontal oder vertikal verwendet werden, da es aus keiner Richtung auf den Kopf gestellt wirkt. Parkett- und Steinböden, Teppiche sowie verschiedene gemusterte Tischplatten oder Tischtücher haben oft keine Richtcharakteristika.

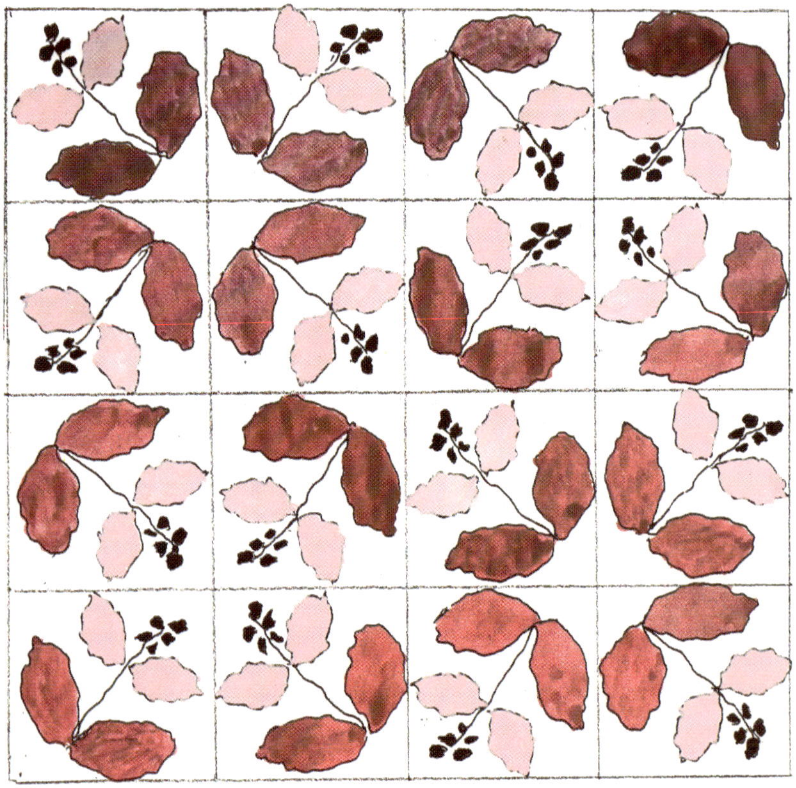

Wenn ein Material so dünn ist, dass ein Raster durchscheint, so kann direkt mit Textilfarben auf den Stoff gemalt werden. Der Raster mit mindestens einem Rapport wird auf den Tisch fixiert. Im Strich des Stoffes markiert man mit einer Nadel horizontale und vertikale Leitlinien. Während der Arbeit schiebt man den Stoff in beiden Richtungen über den Raster, bis die ganze Oberfläche gezeichnet ist.

Bei dem duftigen Vorhang rechts wurde das Muster direkt auf das Gewebe gezeichnet. Durch einen einfachen Dekor erhielt auch der Plastikblumentopf aus einer Massenproduktion ein persönliches Aussehen.

Schablonenarbeiten

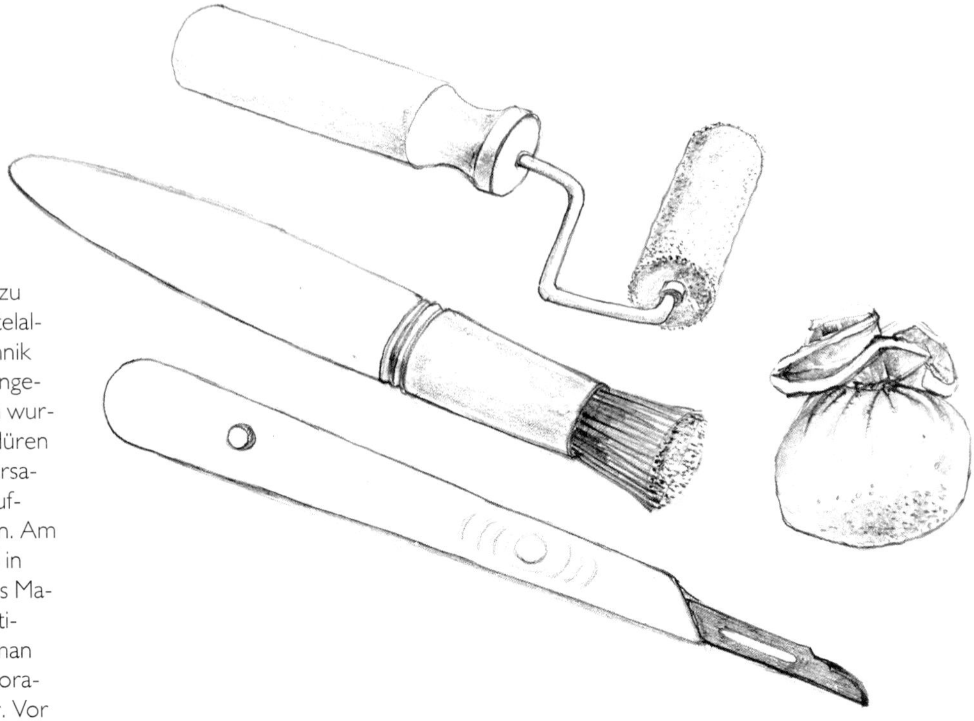

Statt freihändig mit einer Schablone zu malen, ist in Schweden seit dem Mittelalter bekannt. Damals wurde die Technik zusammen mit der Figurenmalerei angewendet. Mit schablonierten Mustern wurden leere Felder ausgefüllt und Bordüren an Gewölbe gemalt. Es war eine sparsame und effiziente Möglichkeit, das aufwendigere Figurenmalen zu ersetzen. Am Ende des Mittelalters, um 1500, und in den folgenden 300 Jahren wurde das Malen mit Schablonen kaum noch praktiziert. Im 19. Jahrhundert erinnerte man sich der Technik wieder für die Dekoration von Wänden der Bauernhäuser. Vor 150 Jahren waren handgemalte Wandbespannungen ein Luxus, den sich Bauern nicht leisten konnten. Statt dessen stellten sie Leute an, die gegen Kost und Logis direkt auf die Balken oder auf Kleisterpapier malten.

Das Schablonenprinzip ist einfach. Man schneidet mit einem Messer oder einer Schere aus einem etwas steifen Material das Motiv aus, das man drucken will. Dann wird die Schablone auf das Material gelegt und die Farbe mit einem groben Pinsel, einer Färbwalze oder einem Einfärbballen aufgetragen. Mit Schablonendrucken kann man Plakate, Papiere, Wände, Möbel oder Stoffe dekorieren.

Herstellung der Schablone

Zum Ausschneiden eines kleineren Motivs aus einer Plastikfolie verwendet man am besten ein Bastelmesser oder ein Skalpell. Lassen Sie immer reichlich Folie um das Motiv. Für jede Farbe benötigt man eine neue Schablone. Zu kleine Abstände zwischen den Formen müssen vermieden werden; die Farbe läuft sonst leicht unter solchen Stegen durch. Das Motiv muss eine einfache Form haben. Formen, die sich bei längerem Gebrauch leicht verbiegen oder abbrechen können, sollte man ebenfalls vermeiden. Solch schadhafte Stellen können ausgebessert werden, indem man von beiden Seiten ein Band darüberklebt und dann die Form neu ausschneidet.

Plastikschablonen kann man in warmem Wasser auswaschen.

Für das Bedrucken von Stoff können die Schablonen aus einer Selbstklebefolie ausgeschnitten werden. Die Klebseite der Folie haftet bis zu 25mal und verhindert so, dass die Farbe unter die Schablone läuft. Schabloniert man grössere Ornamente auf Wände oder Tapeten, kann man die Formen aus Packpapier ausschneiden und dann für Dauerhaftigkeit auf beiden Seiten mit Schellack behandeln.

Der Arbeitsvorgang

Beim Malen ist es wichtig, dass die Farbe die richtige Konsistenz hat. Zu dicke Farbe kann eine kleine Öffnung in der Schablone verstopfen, und zu dünne Farbe läuft unter den Stegen durch.

Die Wahl, ob Pinsel, Walze oder Einfärbballen, hängt von der Farbkonsistenz, der Saugfähigkeit des Materials und der Motivgrösse ab.

Ein Einfärbballen lässt sich einfach herstellen, indem man ein rundes Schaumgummistück mit Schaumgummischnipseln füllt und straff zusammenbindet.

Für das Bemalen von Papier kann man eine Farbe verwenden, die mit Wasser verdünnt werden kann. Will man etwas Dauerhafteres malen, so kann man Farben aus der Grafikbranche benutzen. Für das Bedrucken von Stoff sollte man eine Polsterung unterlegen, zum Beispiel einige Lagen Zeitungen oder eine mit einem Plastik überzogene Wolldecke. Man malt mit Textilfarben, die sich durch Hitze fixieren lassen. Bemalt man einen Pullover, so muss man daran denken, durch das Einschieben eines Papiers die andere Seite zu schützen.

Für das Schablonieren von Tapeten sollte man einen Primer (Grundierungsmittel) verwenden, für dessen Auftragen es allerdings Übung braucht. Alkydfarben hingegen sind im Gebrauch einfach und kommen der Vorbehandlung mit einem Primer nahe.

Mit Schablonendrucken kann man feinere Resultate erzielen als mit Kartoffeldrucken. Hier ist es ein blühender Weihnachtskaktus. Wird das Motiv in nur einer Farbe gedruckt, so genügt eine Schablone. Es ist wichtig, dass die Stege breit genug sind, damit sie längere Zeit Pinsel oder Einfärbballen standhalten.

Will man mehrfarbig arbeiten, so muss man für jede Farbe eine Schablone zuschneiden.

Mit den fünf Schablonen, die für dieses Motiv ausgeschnitten wurden, ist das Arbeiten einfach. Das Motiv kann für jeden Druck jeweils auch neu entworfen werden, das hängt von der Grösse der Fläche ab, die man dekorieren will. Denken Sie bei Karten daran, etwas Raum für einen Gruss zu lassen.

1

2

3

4

5

6

7

8

Fläche und Rand

Mit Schablonieren kann man relativ rasch eine grosse Fläche bedrucken, zum Beispiel Bordüren und Ornamente auf einer Wand. Hat man eine Musterform, mit der man kleingemustert drucken will, so kann man aus derselben Schablone gleichzeitig mehrere Formen schneiden. Eine Plastikschablone eignet sich besser als eine aus Papier. Sie lässt sich leicht auswaschen und kann lange verwendet werden. Zudem ist sie durchsichtig, was das Plazieren erleichtert. Allerdings muss man auch so das Muster mit Hilfe von Markierungen ausrichten. Es ist wichtig, dass die Schablone vertikal und horizontal in den richtigen Abständen hingelegt wird. Achten Sie darauf, dass Sie die Schablone nicht auf eine noch feuchte Stelle legen.

Bei einer Schablone mit grösseren Ornamenten schneiden Sie nur jedes zweite davon aus. Dies erlaubt, das Muster zu variieren, zum Beispiel ein lockeres Muster zu malen **(5)** oder ein dichteres, indem Sie anschliessend Motive dazwischen setzen. Dabei können Sie eine andere Farbe wählen und dadurch ein lebhafteres Muster erhalten **(1, 2, 4)**. Oder Sie verwenden die Schablone umgekehrt, wodurch eine Streifung entsteht **(1)**. Malt man mit einem Stift oder einem Pinsel, so kann man verschiedene Farben gebrauchen und damit Details herausheben **(3, 6, 7, 8)**.

Ein Flächenmuster verlangt hie und da einen Abschluss. Wir haben vorher erwähnt, dass man dies durch einen Farbwechsel, eine Verdichtung des Musters, ein Ausdünnen der Motive zum Rand hin oder durch Weglassen der Motive in den Ecken erreichen kann. Die Ränder können auch mit einer Bordüre abgeschlossen werden, die noch mit Linien herausgestrichen wird.

Beachten Sie, wie verschieden die Ecken ausgeführt wurden, und lesen Sie mehr darüber auf den Seiten 62 und 63.

Eine Malerei im Gewölbe der Kirche von Bromma, bei Stockholm, aus dem 15. Jahrhundert. Schablonentechnik und Figurenmalerei sind zusammen angewendet. Leere Felder sind mit Schablonenmotiven ausgefüllt, zum Teil bilden sie dekorative Bordüren. Der Engel teilt Joachim mit, dass seine Gattin Anna ein Kind gebären wird, das Maria, die Mutter Jesu, werden soll. Der lateinische Text in gotischen Buchstaben lautet: «Siehe da, ich prophezeie Dir eine grosse Freude.»

Die Enten sind ein Beispiel, wie durch übereinanderliegende Drucke das Gefühl von Dreidimensionalität entsteht. Die Gruppe Enten ist ein Bild für sich, könnte aber auch für ein Flächenmuster mehrmals wiederholt werden.

Schablonierte Wandbespannung von 1860 im Älvroshof im Freilichtmuseum Skansen bei Stockholm.

Wenn die Figur beim Ausschneiden intakt bleibt, so kann sie für einen Negativdruck verwendet werden. Hier wurde die Figur des Schafes auf ein Papier gelegt und die Farbe darum gespritzt. Das schwarze Schaf wurde wie üblich gedruckt.

Druckt man mit einem relativ trockenen Einfärbballen, so erhält man ein weiches, unregelmässiges Bild, was dem Motiv Tiefe verleihen kann. So wäre es zum Beispiel schwierig, die rauhe Elefantenhaut mit einer anderen Technik besser nachzuahmen.

Negativdrucke

Eine der ältesten Darstellungen dieser Technik befindet sich an einer Höhlenwand in Castillo, Spanien. Sie entstand vor etwa 10 000 Jahren. Hier wurde die Handfläche auf die Wand gelegt und um die Finger gemalt. Die Hände bedecken teilweise die in Gelb und Rot gemalten Büffel.

Cottuns

Ein Gesetz von 1721 verbot Artikel, die man als überflüssig betrachten konnte. Nach diesem Gesetz war es Dienstmädchen und Soldaten nicht erlaubt, sogenannte *Cottuns* (vom englischen *cotton* abgeleitetes Wort, bedruckte Baumwollstoffe) zu tragen. Nach und nach wurde den Frauen jedoch gestattet, in Schweden gewebte und gefärbte Woll- und Leinenstoffe zu tragen. In kleinen Manufakturen wurden die Handwebstoffe bedruckt, und zwar nicht nur durchgefärbte Stoffe, sondern auch solche mit Streifen- und Karodessins. Es ist erstaunlich, wieviele Frauen dieses Handwerk ausübten.

Wandbespannungen

Die älteste in Schweden bewahrte Tapete stammt aus dem Ende des 16. Jahrhunderts. Es sind von Hand bedruckte Blätter. Später wurden solche Papiere vor dem Bedrucken zusammengeklebt, um breitere Bahnen zu erhalten. Gegen das Ende des 17. Jahrhunderts wurden die Druckmuster so angelegt, dass sie seitlich übereinstimmten, so dass eine grosse gemusterte Fläche entstand. Solche Wandbespannungen waren teuer und deshalb den Wohlhabenden vorbehalten. Einfache Leute, Bauern und Handwerker, begannen deshalb die Wände ihrer Wohnstätten zu bemalen. Die Methoden reichten von dem in Heidelbeersaft getauchten Birkenzweig, mit dem man die Wand besprenkelte, über die Marmorimitation, die man mit einem in Farbe getauchten Lappen hervorbrachte, bis zur kunstvollen Schablonen- und Figurenmalerei. Nachdem ab 1870 Tapeten für jedermann erschwinglich wurden, war es mit dem Bemalen der Wände vorbei. Erst als in den 70er Jahren viele Häuser renoviert wurden, gewann das Bemalen von Holzwänden wieder an Popularität. Heute schätzt man die Originalwandmalereien wieder weit höher ein als die sie später verdeckenden Wandbespannungen.

Entwurf für eine schablonierte Tapete.

Heute werden aber auch wieder Tapeten mit alten Schablonenmustern bedruckt. Man holte aus Museen alte Muster hervor und unterrichtet wieder die alten Handdruckmethoden.

Orientalische Muster

Orientalische Wanddekorationen und Teppiche haben oft Muster in verschiedenen Farbabstufungen. Aus Distanz betrachtet erkennt man nur grosse geometrische Formen. Die Farben scheinen in ein Geflimmer zusammenzufliessen. Orientalische Gestaltung legt noch mehr Gewicht auf Farbharmonie als auf Ornamentik. So wendet der Künstler sein ganzes Können an, damit die Farben harmonisch ineinander übergehen. Oft wird ein Farbfeld gegen ein anderes mit einer zusätzlichen Farbe klar abgetrennt.

Betrachtet man ein Muster von nahem, so sieht man oft dazwischen gesetzte Dekorelemente in den grosszügigen geometrischen Strukturen, und ganz aus der Nähe besehen sind auch diese Elemente noch zusätzlich ausgeschmückt.

Sphärische Flächenmuster

Die russische Kirche von 1714 auf der Insel Kizji im Onegasee nahe der finnischen Grenze hat 22 Zwiebeltürme. Alle sind mit schuppenförmigen Holzschindeln bedeckt, die ein Flächenmuster bilden.

Vergleichen Sie damit das moderne Flächenmuster der Wassertürme in Kuwait. Die kugeligen Tanks sind ebenfalls mit einer Art Schuppen bedeckt, mit runden Platten von emailliertem Blattmetall in drei Grössen und elf Farben. Die Platten, von Marlene Björn entworfen, wurden von der Firma Kockums in Schweden hergestellt.

Werden Dohlendeckel spätere Museumsstücke?

Das Bild zeigt einen gusseisernen Dohlendeckel mit Reliefmuster von einer New Yorker Strasse. Millionen Kutschen, Autos, Fahrräder und Schuhsohlen sind über diese Deckel gegangen und gefahren und haben das Relief doch nur um eine Spur abgenutzt. Vielleicht wird man später einmal diese Deckel in einem Museum betrachten als einen der wenigen Überreste von einer der grössten Städte der Welt.

▷

In Japan werden verschiedene Flächenmuster gekonnt am selben Objekt kombiniert. Die Muster sind seit Generationen überliefert und werden noch heute für Kimonos, Pagoden und Tempel verwendet. Ebenso finden wir sie auf Papieren. Bei den Japanern hat das Verpacken einen hohen Stellenwert, und aus den wunderschönen Papieren werden viele Gegenstände hergestellt. Die bekannte japanische Masche wird oft aus vielen schmalen Streifen mit traditionellen Flächenmustern hergestellt.

Stilisieren

Im Duden wird «stilisieren» wie folgt erklärt: Formen, die in der Natur vorkommen, (in dekorativer Absicht) vereinfachen oder verändern, um die Grundstrukturen sichtbar zu machen. Wir verwenden die Bezeichnung *stilisiert* im Gegensatz zu *naturalistisch*. Beim letzteren werden Natur, Farben und Unregelmässigkeiten so genau als möglich kopiert. Beim Stilisieren jedoch verändert man eine Naturform in eine Kunstform. Was nicht heissen will, dass nur das Motiv an und für sich stilisiert wird. Wie bei allem künstlerischen Tun braucht es das bewusste Bemühen um eine Neugestaltung mit einer vereinfachten Anpassung an das Motiv. Dies kann auf verschiedene Arten geschehen. Es kann dem natürlichen Objekt sehr nahe kommen oder davon so weit entfernt sein, dass es dem Original kaum mehr gleicht. Eine Stilisierung erreicht man zum Beispiel durch Weglassung aller Unregelmässigkeiten und Details, so dass von einer Pflanze oder einem Tier nur noch das Gerüst übrigbleibt, wenn man ein Charakteristikum herausstreicht, Hell-/Dunkel-Kontraste betont oder Farben so hervorhebt, dass der Betrachter die Form nur schwerlich erkennt.

In der geschichtlichen Entwicklung hat man vielleicht eine naturalistische Form – einen Baum, eine Blume oder ein Tier – so oft wiederholt, dass sie mehr und mehr auf das Wesentliche reduziert wurde. So haben gewisse Bilder ihren Charakter über Hunderte von Jahren bewahrt. Andere wurden wiederum so verändert und neugeformt, dass nur noch ein Experte die Ursprungsform erkennen kann.

Die Art, wie beim Stilisieren vorgegangen wird, hängt vom Ziel und dem Werkzeug des Entwerfers ab. Ein schwierig zu handhabendes, grobes Werkzeug verlangt nach einer grösseren Vereinfachung. Zudem ist die Art des Stilisierens von Kultur zu Kultur sowie von einer Epoche zur anderen verschieden. Wir können deshalb von einem persönlichen, kulturellen oder historischen Stil sprechen. Was sie alle gemeinsam haben, ist die zufällige Gegebenheit der Natur und die Veränderung in eine Form der Kunst.

Die einfachste Art, etwas zu stilisieren, zum Beispiel eine Blume oder eine andere Pflanze, ist das Zeichnen der Ansicht von der Seite oder von oben. Hie und da ergibt auch die Betrachtung von unten oder der Querschnitt eine dekorative Form.

Die Scherenschnittübung auf Seite 101 ist ein Beispiel, wie eine Skizze nach der Natur auf verschiedene Arten stilisiert werden kann. Malen oder zeichnen Sie eine halbierte Frucht – Früchte haben sehr oft ein interessantes Innenleben. Zeichnen Sie den Umriss auf schwarzes Papier (siehe Seite 156). Dann schneiden Sie Frucht und Kerngehäuse auf. Arbeiten Sie abwechslungsweise mit weissem und mit schwarzem Hintergrund, um positive und negative Bilder zu erhalten. Versuchen Sie es mit verschiedenen Formen, Vereinfachungen oder Variationen. Schmale oder kleine Details können gemalt oder gezeichnet werden.

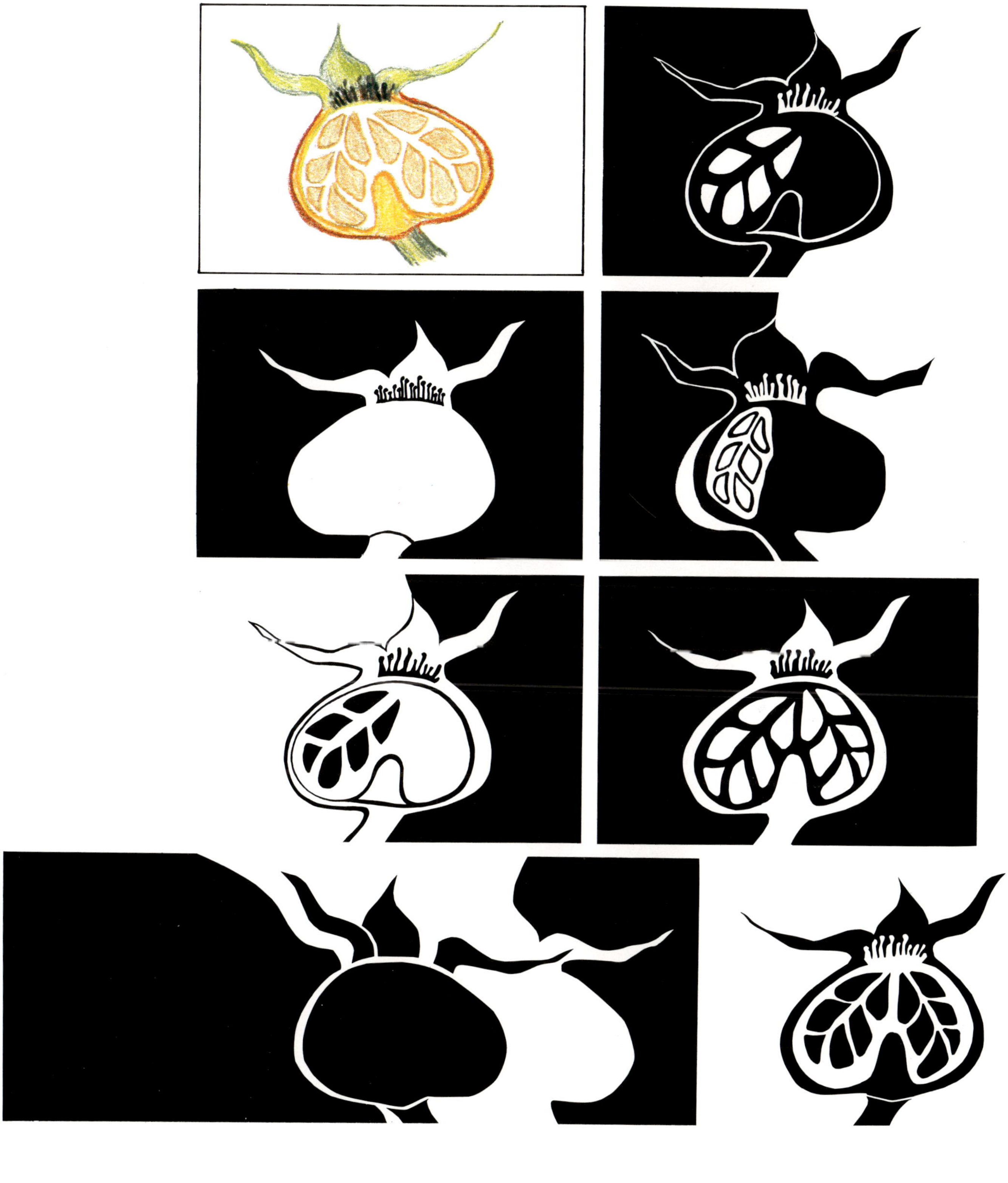

Stilisierte Formen als Ornament und Flächenmuster

Diese Übung zeigt, wie aus einer Form verschiedene Dessins entstehen können. Als Ausgangsmaterial nehmen wir die Hagebutte aus der vorherigen Übung. Ihre äussere Form ist gestalterisch anregend. Eine Mehrzahl dieser Figuren können dicht oder locker gestreut ein Flächenmuster ergeben, oder in Gruppen zusammen kann man daraus grössere Ornamente bilden. Diese wiederum kann man dann zu neuen Mustern arrangieren.

◁

Vier Vierergruppen des Motivs ergeben hier eine Kreuzform, die als Dekor in einer Kirche Verwendung finden könnte. Zeichnen Sie das Konturmotiv auf ein farbiges Papier und malen Sie es dann aus.

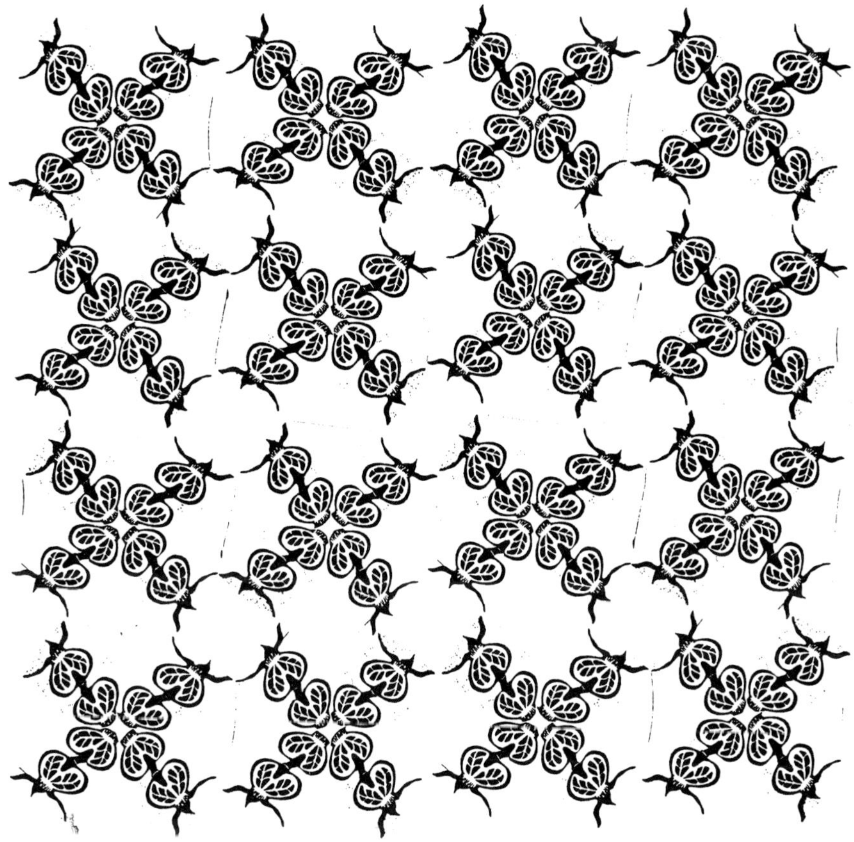

Es ist schwieriger als Sie glauben, die Farben zu finden, die zu einem vorgegebenen Grund passen.

Acht Hagebutten ergeben als Gruppe ein Ornament. Mehrere davon wurden auf dem Kopiergerät verkleinert. Spielen Sie mit der Vervielfältigung, der Vergrösserung oder der Verkleinerung der Formen. Dann schneiden Sie sie aus, gruppieren sie neu und kleben sie zu Mustern verschiedener Ausprägung zusammen. Hier wurde daraus ein luftiges Flächenmuster. Die Kelchblätter bilden elegant

einen Kreis, während die Hagebutten zu dunklen Kreuzen gruppiert sind.

Bei dieser Übung wurden die Hagebutten verschieden zusammengestellt und zusätzlich vier dunkle Blattformen gezeichnet. Dadurch erhält das Muster mehr Hell-/Dunkel-Kontrast.

Stilisieren durch Schneiden, Reissen und Falzen

Hie und da ist es von Vorteil, wenn man statt mit Flächen mit Linien arbeitet. Beim Zeichnen entstehen Linien, beim Reissen Flächen. Bei dieser Übung sollten Sie versuchen, das Motiv herauszuschneiden oder herauszureissen, wodurch es automatisch vereinfacht wird (siehe *Stier*).

Verschiedene Handwerke beruhen auf der dekorativen Kombination von Fläche und Umgebung oder dem Kontrast von rauhen und glatten Flächen. Um dies auszuprobieren, sollten Sie auf einem schwach gefärbten Papier, zum Beispiel Umweltschutzpapier, skizzieren.

Scherenschnitt aus getöntem Papier

Schneiden oder reissen Sie eine Figur aus und überlegen Sie, wo Sie zusätzliche Schnitte natürlich und dekorativ anbringen könnten, um das Motiv auszugestalten. Ziehen Sie die Teile etwas auseinander. Durch die entstehenden Abstände wirken die grösseren Teile lebendiger,

und das lebhafte Linienspiel gibt Fülle. Werfen Sie die von beiden Seiten übriggebliebenen Teile nicht weg. Plaziert man sie in einiger Distanz zum Motiv, geben sie eine Art Rahmen ab (siehe auch Seite 101).

Diese Methode kann mit Falzen kombiniert werden. Schneiden Sie weiche, gebogene Linien aus einem gefalteten Blatt Papier. Ziehen Sie die Teile auseinander, und bringen Sie Schnitte auf den Aussenlinien an. Legen Sie die ausgeschnittenen Teile auf die Leerstellen, und verschieben Sie alle Teile solange, bis die Kombination von Positiv- und Negativstellen harmonisch ist.

Attraktive Bilder aus ausgeschnittenen Teilen

Mit nur fünf Schnitten, verteilt auf ein schmales Blatt Papier, können Sie ein reiches Muster mit knospenden Zweigen erhalten. Experimentieren Sie mit den Abständen. Obwohl diese Mustertechnik eher für Handwerke gedacht ist, die auf einem Textur- statt auf einem Farbeffekt beruhen, so kann es vielleicht doch recht unterhaltend sein, die Muster auszuschmücken und zu färben. Vielleicht finden Sie dann ein ganz neues Anwendungsgebiet. Dazu können Sie Seiten aus einer farbigen Bildzeitschrift, einem Modemagazin oder einem Reiseprospekt verwenden. Zeichnen Sie das Grundmuster auf Transparentpapier. Mit dieser Zeichnung können Sie dann über die Aufnahmen fahren und dabei feststellen, welcher farbige Grund für die verschiedenen Teile das richtige Grössenverhältnis hat. Sie werden sehr rasch herausfinden, dass die Musterformen keinen zu lebhaften Hintergrund ertragen.

Sie können Ihrem Entwurf Eleganz verleihen, indem Sie Goldpapier oder einen Goldschreiber verwenden, falls Sie dies mögen.

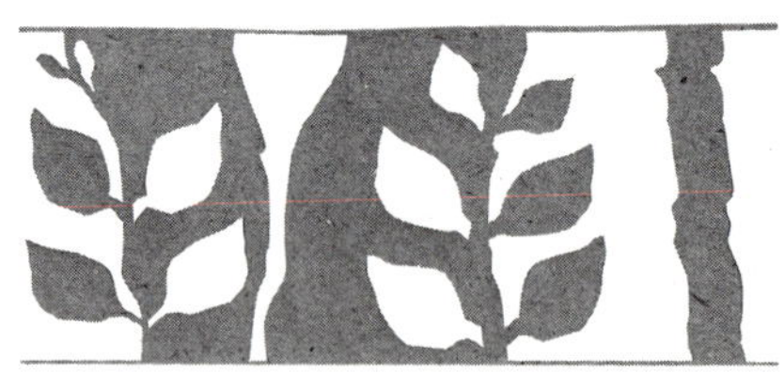

Scherenschnitte aus weissem Papier

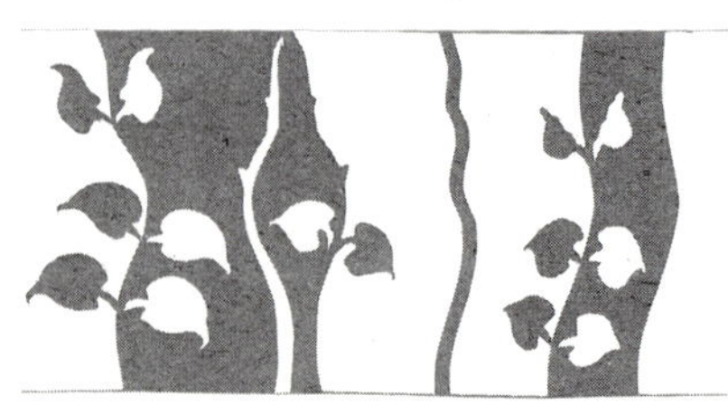

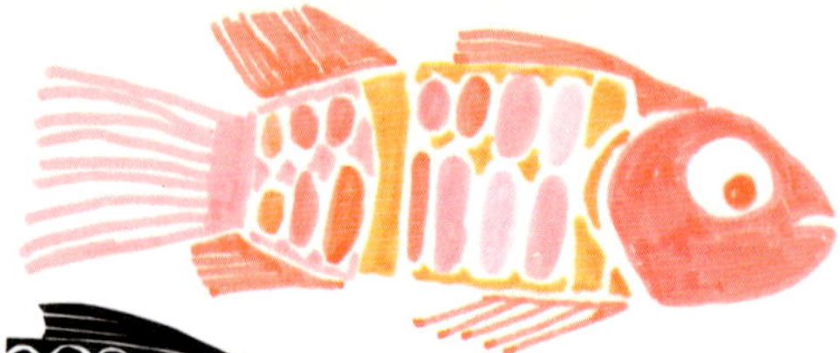

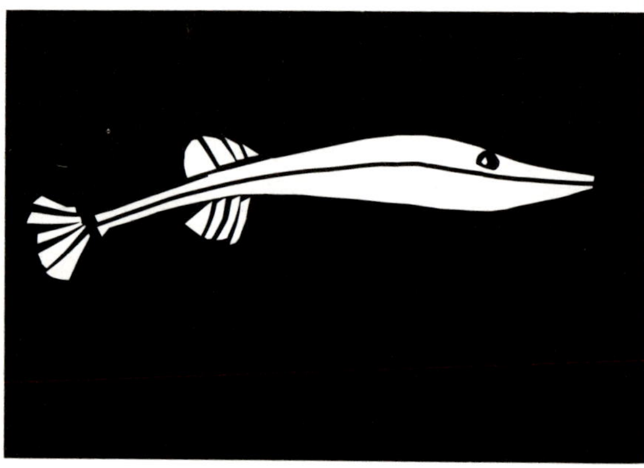

Stilisieren und Mustern von Fischen

Inspiration zu dieser Übung fanden wir in einem Buch mit den über 20 000 Fischen aus aller Welt. Der Besuch eines Aquariums oder einer Zoohandlung kann genauso dazu anregen, es einmal mit ungewohnten Formen zu versuchen.

Studieren Sie *Ihren* Fisch, um dabei die dekorative Form und die Farbwechsel zu entdecken. Zeichnen Sie den Fisch mit Flossen, Schwanz und Augen. Vergessen Sie nicht, dass Tupfen, Farbe, Streifen und bestimmte Felder Schmuckelemente sind. Legen Sie Ihre Zeichnung auf steifes weisses oder schwarzes Papier, und schneiden Sie den Umrissen nach. Schneiden Sie ebenfalls allen gezeichneten Strichen entlang, und ziehen Sie die Teile auseinander. Versuchen Sie dabei, alles Überflüssige zu eliminieren, damit Sie später noch Dekorelemente einfügen können. Malen Sie den Fisch auch aus.

Vielleicht ist Ihr Entwurf ideal für eine Strandtasche, oder – in vergrössertem Massstab in Metall mit farbigen Glassteinen ausgeführt – entsteht daraus ein Geschäftsschild für einen Fischladen, vielleicht auch stark verkleinert ein Schmuckstück.

Tierfiguren verzieren ist nichts Neues. Sehen Sie sich das Keramiknilpferd von 2000 v. Chr. aus Ägypten an. Es ist mit stilisierten Lotosblüten und Wasserlilienknospen dekoriert, Pflanzen, die für den Lebensraum des Nilpferds typisch sind. Der kleine chinesische Hirsch ist in Cloisonnétechnik mit kleinen weissen Blumen geschmückt.

Die vertrockneten Fische wurden am Strand gefunden. Der kleine Fisch schwamm in weit entfernten Gewässern, doch das grosse Exemplar wurde auf Öland, Schweden, gefunden.

Übung mit limitierter Farbskala in drei verschiedenen Werten

Bei vielen Techniken ist eine starke Vereinfachung und eine beschränkte Farbskala vorteilhaft. In dieser Übung wurde stilisiert, indem die Helligkeitsunterschiede der verschiedenen Flächen herausgestrichen wurden. Man beschränkte sich auf zwei Farben, eine davon mit drei verschiedenen Werten.

Beim Fensterthema kann man den Kontrast der verschiedenen Helligkeitsstufen von drinnen und von draussen sehr gut erkennen. Machen Sie von Ihrem Frühstückstisch aus eine Skizze von Ihrem Fenster mit einigen typischen Alltagsgegenständen. Dann reduzieren Sie das Bild auf die wichtigsten Formen.

Entscheiden Sie sich für eine Farbskala, und wo Sie drei bis vier Werte derselben Farbe plus eine Kontrastfarbe verwenden wollen. Überlegen Sie sich, welche Flächen dunkel und welche hell werden sollen. Malen Sie Ihre Zeichnung aus, um zu sehen, ob Sie die richtigen Flächen betont haben, bevor Sie den Entwurf als Druck, oder, wie in diesem Beispiel, als Appliquébild ausführen.

«Und ist der Farn weniger dekorativ als ein Akanthusblatt? Warum nicht die Linien eines Ahornblattes für ein Tapetenmuster verwenden ... Das Massliebchen, der Scharfe Hahnenfuss, die Wasserlilie und ihre Knospen – alle wachsen bei uns im eigenen Garten, vortrefflich in Farbe und Form. Sie warten nur darauf, von uns stilisiert und zu einem dekorativen Zweck erhoben zu werden.»

Verner von Heidenstam

Eine vorgegebene Form schmücken

Die Tule-(Kuna-)Indianer in Panama (S. Blás-Archipel, Darién und NW-Kolumbien) stellen ein begehrtes Kunsthandwerk her. Ihre Arbeit, die rechteckigen vorder- und rückseitigen Einsatzstücke der Frauenbluse, die *Molakana*, eine Art umgekehrte Appliquéarbeit, sind von Sammlern auf der ganzen Welt gesucht.

Zeichnen Sie ein paar alltägliche Dinge, zum Beispiel einen Turnschuh. Davon machen Sie fünf bis sechs Kopien und bemalen ihn mit bunten Mustern, so wie Sie gerade Lust haben. Probieren Sie mit demselben Motiv die Molatechnik aus.

Schneiden Sie dazu ein Rechteck in der Grösse eines Blusenpaneels aus, und füllen Sie es mit dem Schuh als Hauptmotiv sowie mit geometrischen Figuren und Buchstaben

Die Mola kann aus fünf verschiedenen Lagen Stoff in bunten Farben bestehen. Dann wird Stofflage nach Stofflage aufgeschnitten und mit kleinem Saum auf die nächstuntere Lage gesteppt. Bei einer guten Mola sind die Zwischenräume regelmässig mit angepassten, geometrischen Linien gefüllt. In der voreuropäischen Zeit waren die Muster zunächst geometrisch-abstrakt. Dann aber wurden die verschiedenartigsten Motive aufgenommen, inspiriert von Reklamen, Briefmarken, politischer Propaganda oder Religion, zum Beispiel die Kreuzigung Christi oder die Arche Noah. Ja, sogar eine schwedische Zündholzschachtel hat eine Molanäherin inspiriert. Den meisten Tule sind Buchstaben unbekannt und dienen deshalb einer Mola als Dekorelemente.

Übung mit Blumenkohlröschen

Machen Sie von dem Motiv, hier sind es Röschen von einem Blumenkohl, eine Studie in Bleistift, Tusche oder Aquarell. Versuchen Sie dabei, das am Blumenkohl Prägnante herauszufinden. Wenn Sie dabei verschiedene Methoden und verschiedene Materialien verwenden, so erhalten sie automatisch eine Vielfalt von Lösungen.

Filzstifte verlangen eine Strichzeichnung. Malt man anschliessend mit Pinsel und Wasser darüber, so werden die Linien weicher.

Ein weiterer Schritt zur Vereinfachung geschieht durch Übertragung der Konturen auf schwarzes Papier (siehe Seite 156) und Ausschneiden der Figur. Diese Silhouette ist bereits eine Stilisierung, die man durch Einschnitte auflockern kann, wodurch das Bild Leben und Charakter erhält.

Verwenden Sie einige der weiss-schwarzen Schnipsel als Ausgangsmaterial für eine weitere Interpretation. Sammeln sie *Farben* aus Bildzeitungen, und verwenden Sie diese in einer sich widersprechenden Weise für eine Collage.

Machen Sie auch einen Versuch mit farbigem Hintergrund. Dazu zeichnen Sie zuerst die Umrisse des Motivs auf ein farbiges Papier. Dann füllen Sie die Form entweder vollständig oder nur teilweise mit ausgerissenen oder ausgeschnittenen Papierstückchen aus Ihrer *Farbensammlung*.

Sie sind freier, aber es ist auch schwieriger, wenn Sie das Bild ohne Vorzeichnung komponieren.

Man kann die Collage auch mit farbigem Seidenpapier machen. Dünnes Papier lässt sich sehr gut reissen. Wenn man anschliessend die Stückchen nur in der Mitte festklebt, so heben die freien Ränder den Blumenkohlcharakter noch hervor. Die verschiedenen Farben werden durch das Durchscheinen des Hintergrunds zusammengehalten.

Stilisieren mit Seidenpapier

Wie schon vorher erwähnt, kann man eine Stilisierung auf verschiedene Arten erreichen. Das Resultat kann der Vorlage getreu sein oder von dieser so weit entfernt, dass das Original nicht mehr auszumachen ist.

Sie können auch stilisieren, wenn Sie die Form veredeln, die Farbflächen hervorheben oder mit der Farbskala arbeiten. Am Beispiel der Geranie kommt der erste Entwurf dem Original sehr nahe, obwohl die Farben nicht stimmen und alle Flächen von Hand gerissen und geschnitten wurden. Da Seidenpapier durchscheinend ist, ergeben sich beim Übereinanderlegen Schattierungen, und dort, wo verschiedenfarbige Papiere übereinanderliegen, entstehen weiche Mischfarben. Nachdem der Klebstoff trocken ist, werden mit wenigen Strichen die Umrisse nachgezogen, was den Charakter der Blume noch herausstreicht.

Die beiden folgenden Bilder zeigen, wie durch Herausgreifen und Vergrössern von Details ein ganz neues, attraktives Flächenmuster entsteht. Solche neuen Bilder können dann zum Beispiel Entwurf für eine Tapisserie, einen Seidendruck oder eine Glasmalerei werden.

Auf der Abbildung der folgenden Seite wurde das Geranienmotiv zu einem Flächenmuster aus Seidenpapier, das gerissen, geschnitten und mit Tapetenkleister aufgeklebt wurde. Das fertige Muster erinnert an einen Druck auf Seide oder Samt.

Stilisierte Vögel

Kettenstich-Seidenstickerei aus Altai, Sibirien, etwa 400 v. Chr.

Polnischer Scherenschnitt, 20. Jahrhundert

Keramik- und Lederdekor von Nordamerika-Indianern

Malerei auf einem Keramikteller aus Polen, 20. Jahrhundert

Weltweit bekanntes Web- und Stickmuster

Altpersisches Webmuster aus Turkestan nach einer Freskomalerei von 600 v. Chr.

Entwürfe mit Pfeifenputzern

Mit Pfeifenputzern oder dünnem Draht Entwürfe zu machen, dürfte vielen fremd sein. Aber auch Sie werden sehr rasch von dieser Technik fasziniert sein. Dicke und Länge (bis zu 1 m erhältlich) der Pfeifenputzer gestatten ein fortlaufendes, stilisiertes Formen mit weichen Linien. Die langen Pfeifenputzer sind ideal für eine Gruppenarbeit, bei der jede Teilnehmerin ein Tier oder eine Blume formt. Am Schluss werden die verschiedenen Motive zu einem Ganzen gefügt (siehe Seite 153).

Das entstandene Linienmuster kann trassiert, vergrössert, eingefärbt und ausgeschmückt werden. Bei diesem Muster lautete die Aufgabe, das Eingangstor für einen Zoo zu gestalten. Vielleicht lautet bei Ihnen das Thema: Eingangstor zu einem Spielplatz, zum Botanischen Garten, zu einem Zirkus oder einem Sportplatz (siehe Seite 156).

Versuchen Sie, ein Motiv mit geometrischer Ausprägung zu zeichnen, und zwar so, dass das Motiv flächenfüllend an mehreren Stellen den Aussenrand berührt. Der Möglichkeiten sind viele, wenn Sie verschiedene Zeichenmaterialien verwenden und verschiedene Techniken vor Augen haben, wie eine Quilt- oder eine Gussvorlage und, in einem verkleinerten Format, eine Goldschmiede- oder eine Emailarbeit.

Jugendstilhäuser weisen oft solche Dekorelemente auf. Der Entwurf zeigt ein Glasfenster mit den für die Zeit typischen Blumen- und Rankenornamenten.

Bildsymbole und Schriftbilder

Am Anfang zeichnete der Mensch Bilder, die nach und nach zu formelhaften Symbolen, Zeichen und Signeten wurden. Die Bildsprache bekam internationale Bedeutung, und man bestrebte sich, die Zeichen möglichst zu vereinfachen, so dass sie von allen Menschen verstanden werden können.

20 000 Jahre v. Chr. bemalten und ritzten Höhlenbewohner ihre Wände. Die meisten dieser Bilder stellten Jagdszenen dar, Büffel, Wildpferde, Hirsche. Der Mensch wurde nie dargestellt, mit Ausnahme von Abdrücken seiner Hände. Erst Tausende von Jahren später fand man Abbildungen des Menschen, oft einfache Strichmännchen mit ihren Tieren. Mit der Weiterentwicklung des Lebensstils wurden auch die Bilder vielfältiger und komplexer. Der Mensch erfand die Hieroglyphen, die sich von den Höhlenmalereien dadurch unterscheiden, dass sie mit Bildern eine Nachricht übermitteln. Die mit wenigen Strichen gemachten Bilder wurden zu Zeichen einer Bilderschrift. Diese entwickelten sich langsam zu verschiedenen Buchstaben, und heute kehren wir wieder zur Bildsprache zurück.

Der auf einen Papyrus gezeichnete Horusfalke mit Hieroglyphen auf der Seite stellt die altägyptische Art der Kommunikation dar. Von oben nach unten gelesen, bedeuten sie: Leinenband, Gesicht, Mund, Vögelchen.

In Skandinavien existieren Bild- und Runensteine, auf denen mit Ritzungen vereinfachte Bilder und Schriftzeichen dargestellt sind. Ohne die geritzten und buntbemalten Bildsteine von Gotland wüssten wir nicht sehr viel über das frühe Mittelalter im Norden, wie zum Beispiel über die Takelage und die Besatzung der Wikingerschiffe. Das Muster auf den Segeln zeigt übrigens, dass diese aus schmalen Streifen geflochten wurden, damit sie stark waren. Wären sie mit kontrastierenden Farben gemalt, so könnte man ein auffälliges Karomuster ausmachen.

Im oberen Teil des Bildsteines aus dem 8. Jahrhundert von Huminge bei Klinte, Gotland, erkennt man einen Reiter auf dem Weg nach Walhall, eine ihn willkommen heissende Walküre, zwei sich bekämpfende Männer sowie einen Ring- oder Kranzträger. Das folgende Bild zeigt ein Schiff auf stürmischer See und darunter ein Bauerngehöft mit einer angebundenen Kuh, einem Giebelhaus und drei Bogenschützen.

Auf der Briefmarke ist ein Wikingerschiff dargestellt, das auf dem Stein aus Larbro, Gotland, zu sehen ist, der sich heute im Freilichtmuseum von Bunge bei Färösund befindet.

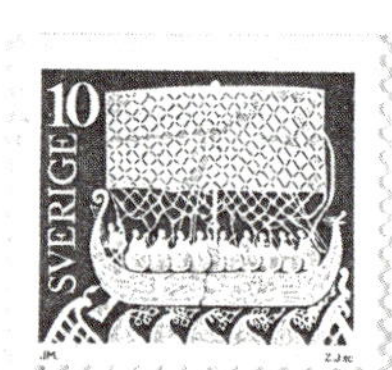

Heutige Symbole und Piktogramme

Symbole haben heute so viele Bedeutungen, dass wir den dänischen Autor Sven Tito Achen um Hilfe baten. In seinem Buch *Symbols Around Us* gibt er für das Wort *Symbol* die folgende Erklärung: «Das Symbol ist eine Figur oder ein Bild, das einen Gegenstand darstellt, doch damit etwas anderes meint.»

Männlich
Mars
Eisen

Weiblich
Venus
Kupfer

Apotheke
(eine Schlange, die ihr Gift in ein Gefäss tropfen lässt)

Auch wenn ein Symbol einfach ist, so kann es doch nur vom Eingeweihten verstanden werden. Weder Logik noch gesunder Menschenverstand reichen aus, um die Aussage zu verstehen, da diese willkürlich bestimmt wurde.

Zeichen für Sehenswürdigkeit

Die **Piktogramme** sind zur Bildersprache unserer Zeit vor allem auf internationaler Ebene geworden, wenn es sich um Verkehr, Kommunikation, Tourismus, Olympische Spiele, Textilpflege usw. handelt.

Ein Piktogramm ist ein Bild, das auch das darstellt, was es bedeutet. Wenn das Bild eines Fischs für einen Fischladen steht, dann ist es ein Piktogramm. Wenn es aber bedeutet *Ich bin ein Christ*, dann ist es ein Symbol.

Über Hunderte von Jahren haben Ladenbesitzer auf der ganzen Welt Schilder ausgehängt, die nicht nur in vereinfachter Darstellungsweise das Verkaufsprodukt oder die Dienstleistung anpreisen, sondern für den der Landessprache nicht mächtigen Reisenden eine Hilfe sind. Das Bild einer Brezel, von Schere und Kamm oder einer Brille ist für jedermann verständlich. Wenn Sie zum Beispiel durch

die kleine Stadt Mariefred in Schweden spazieren, dann werden Sie viele solche Schilder entdecken. Nebst dem praktischen Zweck tragen sie auch zur romantischen Stimmung bei, die die niederen Holzhäuser in gelber, blauer, rosaroter und grüner Farbe mit den gepflegten Blumenkistchen erwecken.

Attribute sind Symbole, die in der Bildersprache Gottheiten, Heilige, biblische Figuren usw. charakterisieren – der Dreizack des Neptun, der Schlüssel des Apostels Petrus, die Pilgermuschel des Wallfahrers –, ohne die wir nicht wüssten, um wen es sich handelt.

Piktogramme zur Warnung oder zur Information

Wildtiere · *Schleudergefahr* · *Fährhafen* · *Herberge* · *Schliessfächer* · *Handwäsche* · *rollstuhlgängig* · *Restaurant*

Sportpiktogramme für die Olympischen Spiele 1972 in München

Fussball · *Schwimmen* · *Gewichtheben* · *Rudern* · *Boxen* · *Korbball*

Anzeigenpiktogramme

Boote · *Dienstleistungen* · *Bildung* · *Handwerker*

Farben- und Gestaltungslehre

Täglich werden wir von Tausenden von Farben überflutet. Farben, die uns stimulieren und beglücken und die inzwischen so zu uns gehören, dass wir uns ein Leben ohne sie gar nicht mehr vorstellen können. Wir sind uns auch bewusst, wie wir von den uns umgebenden Farben beeinflusst werden und dass es sich dabei nicht nur um Ästhetik handelt, sondern dass auch unsere Befindlichkeit davon abhängt. So erhöht sich zum Beispiel in einem roten Raum unser Puls; in einem blauen Raum verrechnen wir uns in der Zeit. Dunkle Decken wirken erdrückend, und zu helle Böden verunsichern unseren Gang. Wir wissen auch, dass uns helle, klare Farben an einem Tag aufheitern, während sie uns an einem anderen Tag ermüden, verunsichern oder ablenken. Bei der Mode und der Innendekoration sind wir ständig mit neuen Farbzusammenstellungen konfrontiert. Was gestern noch undenkbar war, empfinden wir heute als natürlich und normal. Es gibt Leute, die ohne Gefühl und ohne Sorgfalt Farben kombinieren, die uns körperlichen Schmerz bereiten wie die falsche Note einem Musiker.

Es wird gesagt, dass sich der menschliche Farbensinn erst in den letzten Jahrhunderten entwickelt hat. So beschreiben die *Ilias* und die *Odyssee* eine praktisch farblose Welt. In der Bibel wird zwar oft der Himmel erwähnt, aber nie, dass er blau ist. In Kulturen, bei denen Farben keinen praktischen Sinn haben, gibt es in deren Sprache keine Worte dafür, und man ist sich kaum bewusst, dass sie existieren. Es gibt sogenannte Zweifarbenkulturen, die Wörter für Schwarz und Weiss haben. In Dreifarbenkulturen ist die dritte Farbe immer Rot, und bei Vierfarbenkulturen kommt noch Gelb dazu.

Farbstudien

– lehren uns, Farben nach ihren Werten zu gruppieren,
– zeigen uns die gegenseitige Beeinflussung der Farben,
– trainieren unser Farbgefühl,
– vermitteln uns eine allgemeine Farbensprache.

Müssen wir Farbstudien betreiben?

Ja, sehen Sie sich alle Farbbeispiele auf der folgenden Seite an. Sie werden feststellen, dass alle Farben verschieden sind, doch werden Sie überrascht sein, wie wenige Sie davon mit Worten umschreiben können.

Das menschliche Auge kann Zwischenstufen von bis zu 100 000 Farben erkennen. Von diesen können wir sechs Farbbereiche ausscheiden. Dies sind die Primärfarben Gelb, Rot, Blau, die Sekundärfarbe Grün sowie die Nichtfarben Weiss und Schwarz. Alle anderen Farben sind in diesen enthalten.

Sehen Sie sich die Farben jetzt noch einmal an, und versuchen Sie dann, ihre Verwandtschaft zu beschreiben.

Wo immer Sie eine zufällige Kombination machen (rote, blaue, grüne und gelbe Farben), erhalten sie attraktive Farbkompositionen, die eine Weiterentwicklung gestatten.

Grauskala oder Tonwertstufen

Weiss und Schwarz sowie alle Grautonstufen werden mit Tonwerten bezeichnet. Diese Werte lassen sich in eine Grautonreihe von Weiss (dem hellsten Wert) über alle Grautöne zu Schwarz (dem dunkelsten Wert) einteilen. Diese Tonwerte bezeichnet man als Grauskala oder Tonwertstufen. Da die Anzahl der unterscheidbaren Grautonstufen von der Sehtüchtigkeit des Auges und der Reizschwelle des einzelnen abhängt, macht es ◁ Spass, einmal eine eigene Grauskala mit aus einer Zeitung gerissenen weissen und schwarzen Bildern zu erstellen, woraus etwas sehr Schönes entstehen kann. Beachten Sie einmal den Fensterrahmen: Er erscheint dort dunkler, wo der Hintergrund hell ist und vice versa.

Den Tonwert einer Farbe erhält man beim Vergleich mit der Grauskala. Wo der Unterschied zwischen der Farbe und der Nichtfarbe in der Grautonskala am schwächsten ist, kommen sich die Werte am nächsten. Wir sagen, dass die Farben mit den gleichen Helligkeitsstufen auf der Grautonskala denselben Wert haben (lesen Sie mehr darüber auf Seite 129).

Tonwerte

Wie rosa ist das Schweinchen?

Jedermann mit normaler Farbensicht sieht die Farben gleich, aber die visuelle Wahrnehmung ist von Person zu Person verschieden. Je nach Ziel, Temperament, kulturellem Hintergrund und Erfahrung empfinden wir Farben verschieden. Dies macht es uns so schwierig, Farbeindrücke eindeutig zu beschreiben. Oft vergleichen wir eine Farbe mit der Farbe eines uns allen bekannten Gegenstands. So sagen wir zum Beispiel, ein Pullover sei tomatenrot. Die Tomate kann jedoch unterschiedliche Reifegrade und folglich verschiedene Rot haben. Und eigentlich weiss niemand genau, welches Rot wir jetzt gerade mit einer Tomate assoziieren. Anhand der verschiedenen abgebildeten Farbstufen sehen Sie, wie eine Gruppe von neun Personen neun verschiedene Vorschläge für Himmelblau, Schweinchenrosa, Tannengrün und Tabakbraun machte. Wenn wir Fantasienamen wie Schockingpink, Babyblau oder Jagdgrün als Farbbezeichnungen verwenden, wird die Verwirrung noch grösser. In diesem Fall ist es am besten, die Bezeichnung von Farbstiften zu verwenden: Ultramarin, Karmesin, Zinnober, Umbra usw. Sie beruhen auf den chemischen Zutaten für die Produktion der Farbsubstanzen. Für eine genaue Farbbeschreibung sind diese Bezeichnungen jedoch auch nicht befriedigend, da dieselben Substanzen für verschiedene Farben verwendet werden. So sieht zum Beispiel Karmesin bei jedem Fabrikat anders aus. Für klare Bezeichnungen ist deshalb der Wortschatz beschränkt. Einfache Bezeichnungen sind Gelb, Rot, Blau, Grün, Weiss, Schwarz, Grau und eventuell noch Orange und Violett. Diese Farbnamen können kombiniert werden zu Gelbrot, Rotblau. Diese lassen sich noch exakter umschreiben mit hell oder dunkel, weich oder hart, klar und verwaschen – aber auch so enthält jede Beschreibung eine Vielfalt von Variationen.

Farben und Dinge, die unsere Phantasie anregen

Kristallweiss, Gletscherweiss, Perlweiss, Leinenweiss, Schneeweiss und Meringueweiss.

Dunstgrau, Sandgrau, Haferbeige, Seegrasbeige und Rohleinenbeige.

Senf-Rosa, Honig-Rosa, Karamel-Rosa, Himbeerrosa-, Sumpfbrombeerrosa und Kirsch-Ocker.

Schiffbraun, Seetangbraun, Pfefferschwarz, Gesteinsbraun, Braunschwarz und Havannabraun.

Samtrot, Purpurrot, Knallrot, Warmrot, Tomatenrot und Maraschinokirschrot.

Knallblau, Sargassoblau, Phosphorblau, Azurblau und Chlorblau.

Distelviolett, Lüsterviolett und Amethystviolett.

Frühlingsgrün, Lindengrün, Pistaziengrün, Resedagrün und Weidengrün.

Flanellgrau, Aschgrau, Apfelgrau, Nachtgrau, Höhlengrau und Schiefergrau.

Farbwirkungen

Kunstschaffende und Forscher beschrieben und stellten Theorien auf, wie wir psychologisch, ästhetisch und emotionell Farben erfahren und wie sie uns beeinflussen.

Pastellfarben werden in Skandinavien als süss, lieblich und ätherisch empfunden, während sie von Südländern als fad und flach angesehen werden.

Unter **dunklen, dumpfen Farben** stellen wir uns die reichen Erdtöne vor.

◁

Schockfarben, sogenannte Leuchtfarben, assoziieren wir oft mit lebhaft, aber auch mit schreiend oder knallig. In südlichen Breitengraden, bei kräftigem Sonnenlicht hingegen, hat man geradezu ein Bedürfnis nach solchen Farben.

Mittelhelle, schwache Farben und neutrales Grau empfinden wir als beruhigend, doch können sie auch langweilig und flach sein.

Im 18. Jahrhundert, in der Zeit des Rokoko, waren Grau- und Pastelltöne für Möbel und Innendekoration sehr beliebt. In der zweiten Hälfte des 19. Jahrhunderts dominierten kräftige, intensive Farben. Der Jugendstil um die Jahrhundertwende verwendete helle Farben, und ab 1930 haben wir die weissen Wände mit periodisch abwechselnden weichen und harten Farben.

Gedeckte Farben sehen wir als dunkel und klangvoll an. Einfach ausgedrückt werden satte Farben mit Schwarz als gedeckt bezeichnet, hingegen satte Farben mit Weiss als gedämpft.

◁

Farben und Dinge, die unsere Phantasie anregen

Wenn uns Farbe und Oberflächenstruktur gleichermassen anziehen, dann wird unsere Phantasie durch Seh- und Tastsinn angeregt. Oft, wenn wir eine Farbe beschreiben, möchten wir damit auch etwas über die Oberfläche aussagen, zum Beispiel glänzend oder matt, rauh oder glatt, kompliziert oder einfach.

In verschiedenen Gebieten verwenden wir Fantasienamen. So will zum Beispiel in der Modewelt der Name für eine Farbe angenehme Assoziationen in der vom Hersteller erwünschten Richtung hervorrufen. Versuchen Sie es einmal selbst, und benennen Sie Dinge mit einer verlockenden, verführerischen, poetischen oder humoristischen Farbbezeichnung.

Farbordnung

Wenn wir Farben mit System ordnen, erhalten wir gewissermassen einen Überblick über alle Farben. Beginnen Sie, indem Sie kräftige, klare, satte Farben in einer Skala ordnen, bei der eine Farbe in die andere übergeht und bei der das Ende einer Farbgruppe der Anfang der nächstfolgenden ist.

Ordnen Sie zuerst Gelb, Rot, Blau, Grün, Weiss und Schwarz mit unabhängigem Farbcharakter, das heisst, man beginnt mit einem klaren Gelb, das sukzessive zu Gelborange, Orange, Rotorange und dann zum klaren Rot wird. Das Rot geht dann von einem eher bläulichen Rot über Violett zu einem klaren Blau. Das Blau geht von einem bläulichen Grün zu einem klaren Grün, und Grün geht von einem gelblichen Grün zu einem klaren Gelb. Diese vier Tonstufen werden im sogenannten Farbkreis oder dem Spektralfarbband zusammengefasst. Beide bestehen aus zwölf gleichabständigen Teilen. Die Grauskala finden Sie auf Seite 120.

Farbdrachen

Indem Sie dem gegenüberliegenden Plan folgen, knüpfen Sie Pompons aus Garn, Bändern oder Stoff an eine Schnur und machen daraus einen Drachen. Wenn sich nun der Drachen in den eigenen Schwanz beisst, haben Sie den Farbkreis.

Farbkreis aus Blumen

Man kann auch Blumen malen, diese ausschneiden und zu einem Kranz auffädeln, womit man ebenfalls einen Farbkreis erhält. Dazu benötigen Sie je zwei quadratische Papiere von 15 x 15 und 12 x 12 cm. Legen Sie die Papierblätter so oft zusammen, wie Sie Lust haben. Dann machen Sie daraus Scherenschnitte, die die Form einer Blüte haben. Anschliessend werden beide Scherenschnitte in der entsprechenden Farbe bemalt. Diese Arbeit kann in einer Gruppe geschehen, wobei die erste Person mit dem klaren Gelb beginnt, die folgende mit Gelborange fortfährt usw.

Zum Schluss werden die Blüten aufgefädelt und zu einem Kranz geschlossen, den man dann auf einen weissen oder einen schwarzen Grund legt. Selbstverständlich können Sie für einen reicheren Kranz mehr als zwei Scherenschnitte pro Farbe machen.

Das Natural-Color-System

Das Natural-Color-System (NCS) ist ein schwedisches Farbsystem. Es entstand, weil man Farben aufgrund ihrer Qualität und Interdependenz verschieden sieht. NCS baut auf den Primärfarben Gelb, Rot und Blau, der Sekundärfarbe Grün sowie den Nichtfarben Weiss und Schwarz auf. Diese können wir mit Hilfe unseres angeborenen Farben-Sehens bestimmen. Jede Farbe variiert nach Wert (Helligkeit) plus Weiss und Schwarz.

Die Bezeichnungen sind folgende:

- Y = Gelb
- R = Rot
- B = Blau
- G = Grün
- W = Weiss
- S = Schwarz

Zur Illustration dieses Systems benutzen wir drei geometrische Figuren: den Kreis, das Dreieck und den Doppelkegel oder Farbkörper.

Der Farbkreis. Die Farben, in diesem Fall mit 16 Tönen in maximaler Sättigung, werden auf einen Kreis verteilt. Die vier Farben mit dem höchstmöglichen Buntcharakter werden wie auf einem Kompass auf die vier Kardinalpunkte verteilt. Gelb ist im Norden, Rot im Osten, Blau im Süden und Grün im Westen. Dadurch wird der Kreis in vier Quadranten geteilt:

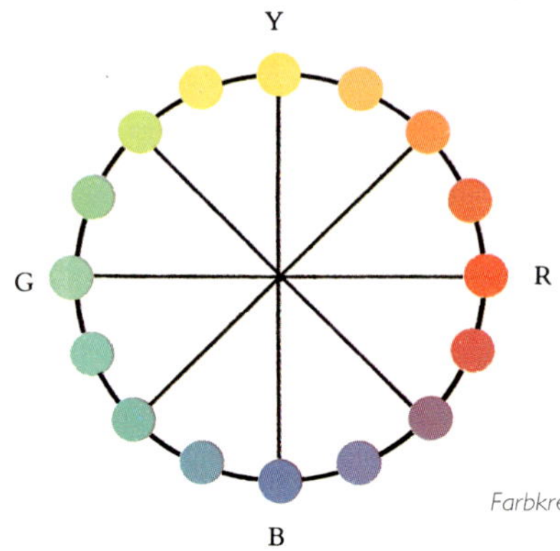

Farbkreis

der gelb-rote I, der rot-blaue II, der blau-grüne III und der grün-gelbe IV. Bei jeder Farbe sieht man die Verwandtschaft zu ihrer Umgebung.

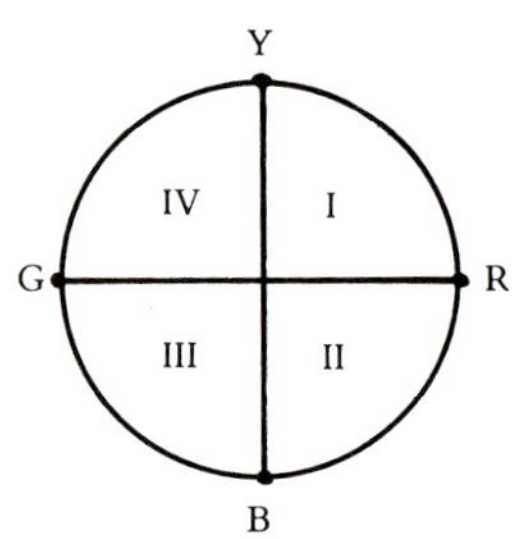

Quadrant

Die auf den Kardinalpunkten liegenden Töne haben den intensivsten Farbwert. Die beiden danebenliegenden haben bitendenzielle Farbwerte, und die dazwischenliegenden haben mittlere Farbwerte. Diese letzteren Töne teilen jeden Quadranten in einen Oktanten. Orange, Violett, Blau-Grün und Gelb-Grün haben einen mittleren Farbwert.

Das Farbdreieck. Farbschattierung, Intensität, Modulation nach Weiss und Modulation nach Schwarz werden auf einem

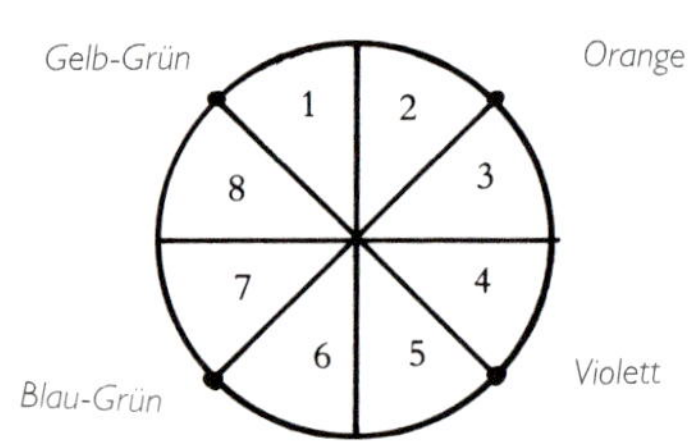

Oktant

gleichschenkligen Dreieck dargestellt, nämlich von Weiss nach Schwarz: Schwarztrüben (W), von Schwarz nach dem höchstmöglichen Buntcharakter: Grautrüben (K) und vom höchstmöglichen Buntcharakter nach Weiss: Aufhellen (C). Die Farben sind so geordnet, dass der Anteil Weiss gegen W hin, der Buntcharakter gegen C hin und der Anteil Schwarz gegen K hin zunimmt. Die Schattierung, mit gleichem Anteil Schwarz, gleichem Buntcharakter und gleichem Anteil Weiss liegt in der Mitte des Dreiecks. Jede Farbe aus dem Kreis oder dem Rad hat ihr eigenes Farbdreieck.
Um eine Farbe zu beschreiben, benötigt man Farbkreis und Farbdreieck (siehe auch Seite 156).

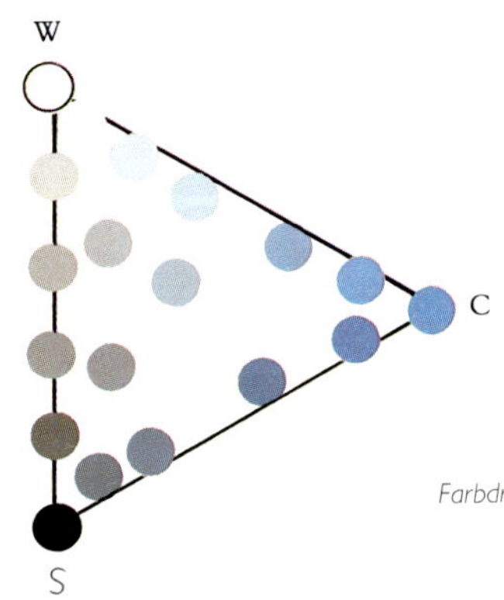

Farbdreieck

Der Doppelkegel oder Farbkörper. Alle Farbdreiecke kann man sich in einer dreidimensionalen Figur vorstellen, dem Farbkörper, der wie ein Doppelkegel aussieht und die Grautonskala von W

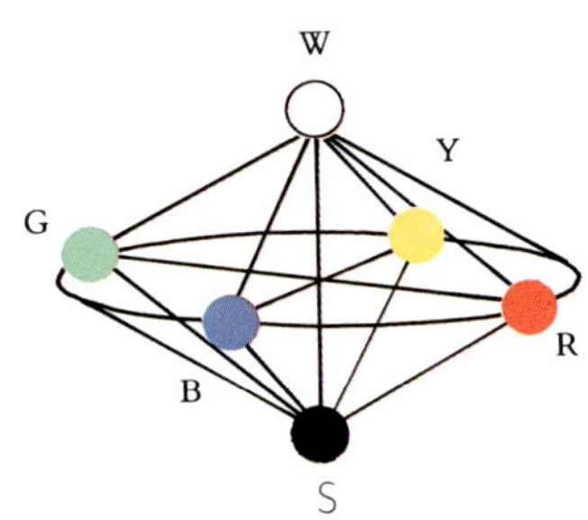

Farbkörper

nach K als gemeinsame Achse hat. In der Mitte des Doppelkegels befindet sich der Farbkreis, der aus den Farbdreiecken der Schattierungen mit höchstmöglichem Buntcharakter besteht. Im Farbkörper kann jede Schattierung in Relation zu jeder anderen Schattierung verglichen werden.

Die Grauskala. Die Intensität einer Farbe ist nicht gleichzusetzen mit Eigenhelligkeit. Letztere wird an der Grauskala gemessen (siehe auch Seiten 120 und 129). Der grösste Vorteil des NCS-Systems ist der folgende: Will man eine Farbe eindeutig charakterisieren nach Eigenhelligkeit, Sättigung und Buntcharakter, so kann man dazu den Buchstaben-/Zahlencode des NCS-Systems benutzen. Jeder Quadrant des Farbkreises ist in 100 Sektoren unterteilt. Jede zehnte Stufe ist am Aussenrand mit einer Buchstaben-/Zahlenkombination versehen. Y bezeichnet eine Schattierung, die ein 100prozentiges Gelb ist. Y10R identifiziert ein Gelb mit 10 % Rot und 90 % Gelb. Das Rot nimmt bei jeder Stufe bis zu Y90R um 10 % zu, das heisst, dass es sich um ein fast vollständiges Rot handelt, da es 90 % Rot und 10 % Gelb enthält.

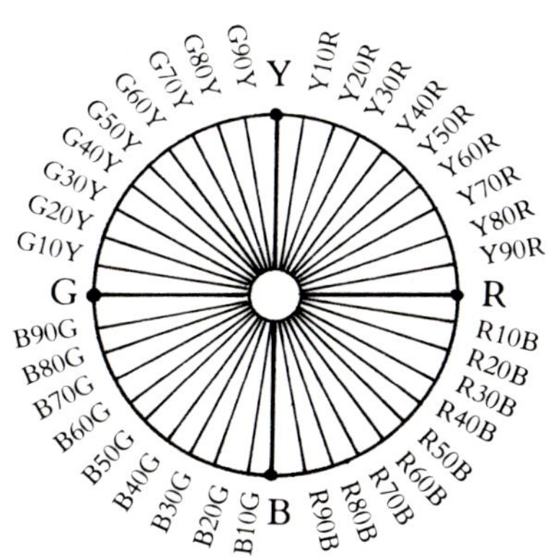

NCS-Kreis

Die Zahlen im Gelb-Rot-Quadranten geben den Anteil Rot an, die Zahlen im Rot-Blau-Quadranten den Anteil Blau, die Zahlen im Blau-Grün-Quadranten den Anteil Grün und jene im Grün-Gelb-Quadranten den Anteil Gelb.
Das Farbdreieck wird dem NCS-Kreis ähnlich in eine Zehnerskala unterteilt: nämlich die W-K-Skalenlinie, deren Abstufung parallel zur W-C-Linie erfolgt, und die K-C-Skalenlinie, die parallel zur W-K-Linie verläuft. So zum Beispiel enthalten alle Farben der K-10-Linie (s = 10) entlang 10 % Schwarz, der K-70-Linie (s = 70) entlang 70 % Schwarz. Die Farben der C-60-Linie (c = 60) haben 60 % Intensität. Die Summe von Schwarz, höchstem Buntcharakter und Weiss muss 100 % ergeben. Wird der Anteil Schwarz und eine Farbe in Prozenten ausgedrückt, so ist der Rest der Anteil Weiss und muss deshalb nicht genannt werden.

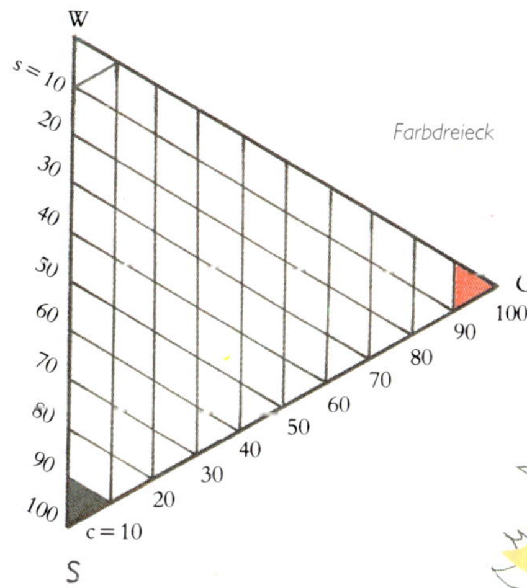

Farbdreieck

Eine Farbe wird wie folgt beschrieben: Anteil Schwarz, höchster Buntcharakter und Anteil Weiss. 2060-R90B gibt eine blaurote Farbe an mit 90 % Blau und 10 % Rot. Sie enthält 20 % Schwarz, 60 % Buntcharakter und 20 % Weiss. Auf diese Art lassen sich die 1412 Farbmuster im NCS-Farbatlas exakt beschreiben.

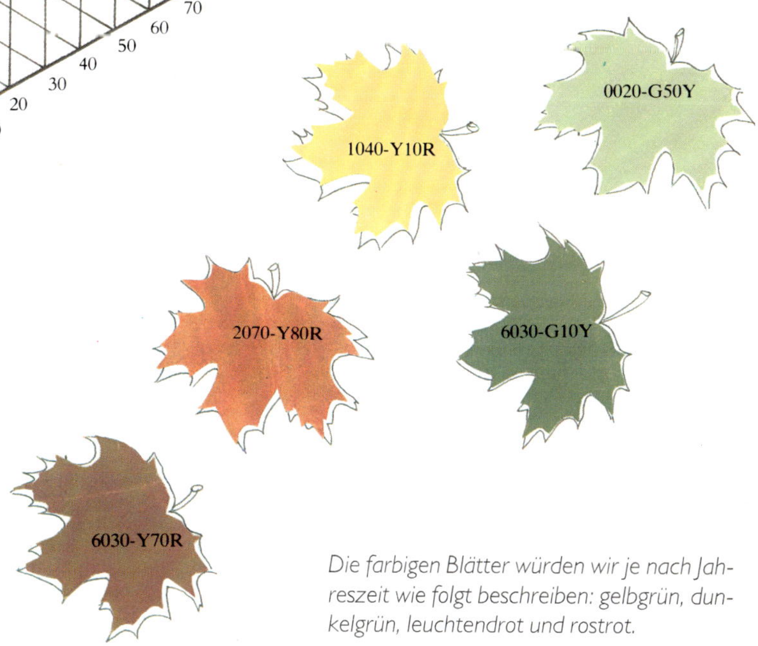

Die farbigen Blätter würden wir je nach Jahreszeit wie folgt beschreiben: gelbgrün, dunkelgrün, leuchtendrot und rostrot.

Warme und kalte Farben

Wie schon vorher erwähnt, haben wir bei jeder Farbinterpretation verschiedene Empfindungen. Gewisse Farben finden wir kalt, andere warm. Warme Farben ordnen wir der Gelb-Rot-Skala zu, kalte Farben der Blau-Grün-Skala. Die Meinungen gehen jedoch auseinander, ob es sich bei der Farbe, die wir als kälteste empfinden, nun um ein schwaches oder ein starkes Blau handelt.

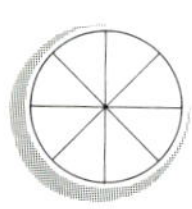

Kalte Farben

Es ist eindeutig, dass man zum Beispiel in Griechenland bei Blau kein Gefühl von Kälte hat. Ob man eine Farbe als kalt oder als warm betrachtet, ist weitgehend vom Umfeld abhängig. Am folgenden Muster sehen Sie, wie der rotbraune Streifen neben der gelben Farbe kühl wirkt und einen wärmeren Ton annimmt, wenn man ihn neben einen blauen Ton setzt.

Wir sprechen auch von warmen und kalten Grünschattierungen. Das gelbliche

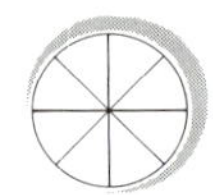

Warme Farben

Grün wird als warm angesehen, wenn man es mit dem bläulichen Grün vergleicht, jedoch als kalt, wenn man es mit dem rötlichen Gelb vergleicht.

Ebenso können wir von einem warmen oder einem kalten Rot, Gelb oder Blau sprechen. Wärme nimmt allgemein mit dem Buntcharakter zu, mit Ausnahme der aufgehellten und graugetrübten Farben, bei denen sogar die hellsten Nuancen warm sein können. Ob eine Farbe warm oder kalt, hell oder trüb ist, kann man nur anhand ihres Umfelds bestimmen.

Der Charakter einer warmen Farbe wird durch weiche, verwischte Formen und wollige, grobe Strukturen noch hervorgehoben, der kühle Farbcharakter jedoch durch rauhe, scharfe Formen sowie harte, glänzende Oberflächen.

Optische Mischungen von warmen und kalten Farben erzeugen in einem Bild Schwingungen, Leben und Licht. Sie entstehen, wenn kleine Punkte oder Linien auf einer Fläche nebeneinandergesetzt werden. Aus einer bestimmten Distanz werden sie nur noch als Mischfarbe wahrgenommen. In der Kunstgeschichte heisst die entsprechende Stilrichtung Pointillismus.

Aktive und passive Farben

Bestimmte Farben können wir auch als aktiv oder anregend, andere als passiv oder beruhigend empfinden. Die aktiven Farben finden wir bei den Rotblautönen. Die Aktivität nimmt mit der Intensität zu und wird noch zusätzlich intensiviert, wenn die rotblauen Farben mit Schwarz und mit Blauschwarz optisch gemischt werden.

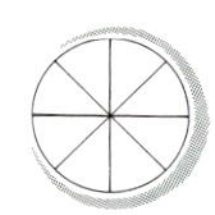

Aktive Farben

Passive Farben ordnen wir den Gelbgrüntönen zu. Helle und trübe Gelbgrünwerte sind passiv, während ein intensives Gelbgrün aktiv und hie und da sogar misstönend ist, wenn es mit Kontrastfarben kombiniert wird.

Passive gelbgrüne Farben

Aktive gelbgrüne Farben

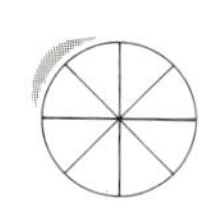

Passive Farben

Farbwerte

Verschiedenfarbige Flächen stehen miteinander in Beziehung, wenn sie ähnliche Werte gemeinsam haben. Folglich stehen gleichwertige Flächen eindeutig miteinander in Beziehung, auch wenn sie sonst verschieden sind. Flächen mit den ähnlichen Bestimmungsgrössen Farbton, Sättigung und Helligkeit stehen ebenfalls miteinander in Beziehung.

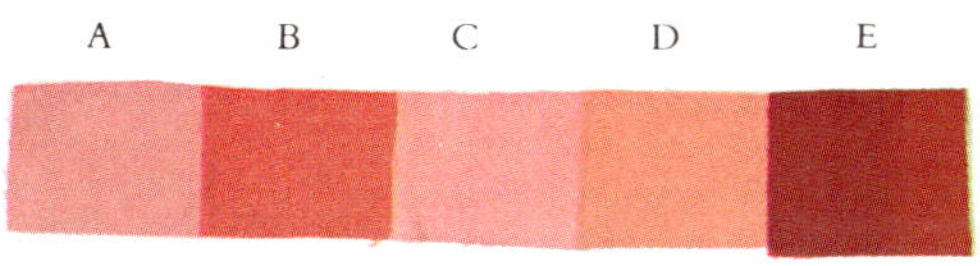

Versuchen Sie, Ähnlichkeiten und Unterschiede des folgenden Beispiels zu beschreiben wie: alle Farben sind rötlich, doch A und C sind bläulichrot; C ist heller und klarer als A, das graugetrübt wirkt; D scheint gleich hell wie C zu sein, jedoch mehr gelb und weniger klar als C; B ist ziemlich intensiv, satter und dunkler als A, C und D; E ist die satteste und dunkelste Farbe in der Reihe.

Die Ähnlichkeit der Werte von den verschiedenen Flächen kann anhand des Farbkreises leicht bestimmt werden, solange die Farben reinbunt und sauber sind. Sind sie jedoch blass, getrübt oder sehr dunkel, so ist ihr Wert schwerer zu bestimmen.

Der stufenweise Übergang von Schwarz nach Weiss ist anhand der Grauskala einfach zu bestimmen. Schwieriger ist es, den Wert einer kräftigen Farbe herauszufinden (siehe Seite 120).

Wenn man eine Grauskala mit daneben ausgeschnittenen Feldern benutzt, so wird es einfacher, den exakten Wert der roten Muster abzulesen. Man wird dann feststellen, dass zum Beispiel C am nächsten zur dritten Stufe der Grauskala steht, B am nächsten zur fünften und E am nächsten zur siebten Stufe.

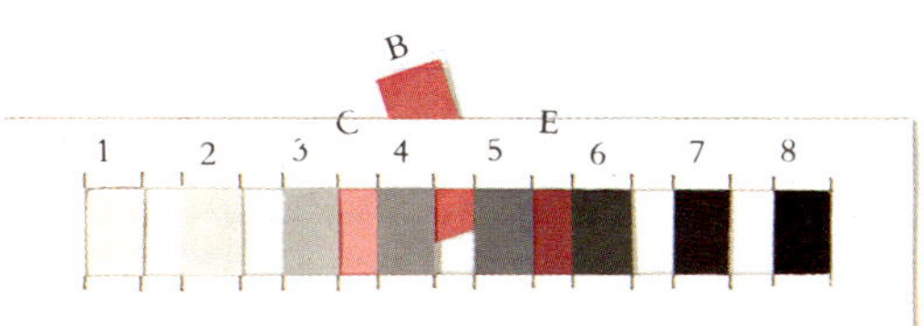

Studieren Sie zuerst die obigen drei Beispiele, und versuchen Sie herauszufinden, was die Farben eines Bildes gemeinsam haben, bevor Sie die drei Beispiele rechts analysieren.

1 *Alle Quadrate haben dieselbe Schattierung – Grün mit etwas Blau –, jedoch unterschiedliche Helligkeit und Sättigungsstufe.*

2 *Alle Quadrate haben verschiedene Schattierungen, jedoch denselben Anteil Weiss, Schwarz und Farbkörper.*

3 *Alle Quadrate haben verschiedene Schattierungen, jedoch denselben Anteil Weiss.*

4 *Alle Quadrate haben verschiedene Schattierungen, jedoch denselben Anteil Schwarz.*

5 *Alle Quadrate haben verschiedene Schattierungen, jedoch dieselbe Sättigungsstufe.*

6 *Alle Quadrate haben verschiedene Werte, jedoch alle sind in einem neutralen Grauton.*

Der Bezug der Farben zueinander

Farben beeinflussen sich gegenseitig oft, so dass Helligkeit, Sättigung, Ton, Schattierung usw. wechseln. Dieses Phänomen bezeichnet man als *Simultanwirkung* oder *Kontrastverstärkung*. Kenntnisse darüber, wann und warum diese Veränderungen stattfinden, erlauben es uns, etwas dagegen zu tun oder davon zu profitieren.

Simultanwirkung. Wenn sich benachbarte Farben gegenseitig beeinflussen, so wird der Unterschied zwischen ihnen erhöht. Auf der Abbildung sehen Sie, dass das graue Feld zu den helleren Feldern hin dunkler wirkt und vice versa. Dieses Phänomen bezeichnen wir als Simultanwirkung oder Kontrastverstärkung. Was Sie an einer Fläche sehen, hängt auch von ihrer Form ab. Auf der Abbildung wirken die grauen Flächen wegen der Helligkeitsveränderung, als ob sie sich biegen würden. Wird der Rand gekrümmt, so wird der Wellencharakter intensiviert, und es entsteht der Eindruck von Tiefe und Schatten im Bild.

Reduktion oder Simultanwirkung. Die Simultanwirkung kann auf verschiedene Arten eingeschränkt werden, zum Beispiel indem man stufenweise die Intensität der grauen Flächen am Rande erhöht oder indem man weisse oder dunkle Trennungslinien zwischen die Flächen fügt. Das Einfügen von schmalen Streifen der gleichen Intensität wie die Randflächen dämpft die Bewegung von einer Fläche zur anderen und eliminiert den Kontrast. Dies ist vor allem beim Weben nützlich, wenn man zwischen einzelnen Partien einen gegenseitigen Bezug schaffen will.

Schwarze und weisse Flächen können ebenfalls beeinflusst werden. Weiss kann weisser erscheinen, und Schwarz, zusammen mit einer Farbe, erhält einen Stich. Das weisse Feld im schwarzen Quadrat scheint weisser als die das Quadrat umgebende Fläche. Die schwarzen zwischen den blauen Quadraten nehmen einen rostbraunen Stich an.

Beeinflussung der Farbwerte. Sollen zwei Farbfelder in verschiedenen Umfeldern dieselben Werte erhalten, so muss das Farbfeld im dunklen Umfeld abgetönt werden. Dies ist eine der Möglichkeiten, gegen den Kontrast zu wirken. Im kleineren Quadrat sehen Sie, wie verschieden die beiden Graufelder sein müssen, um einmal auf dem schwarzen, dann auf dem weissen Hintergrund gleich zu wirken.

Farbschattierung oder Kontrast. Bei den beiden obigen Bildern hat der Kelch dieselbe Farbe (siehe den rosa Streifen am unteren Rand). Trotzdem kann man deutlich erkennen, dass der Kelch im blauen Umfeld gegenüber der Originalfarbe gelblicher scheint und dass er einen wärmeren, leuchtenderen Ton hat. Im orangen Umfeld jedoch scheint der Kelch bläulich und kühler und wirkt beinahe, als ob er die Farbe seines Umfelds angenommen hätte (mehr über Kontrastfarben auf Seite 134). Die Grösse des Gegenstands im Vergleich zum Umfeld sowie die Farbintensität von beidem haben selbstverständlich einen grossen Einfluss. Wenn der Gegenstand im Vergleich zum Umfeld gross ist, so ist es möglich, dass das Umfeld den Ton annimmt. Beachten Sie auch, dass Sie beim zweiten Bild einmal einen Kelch und das anderemal die Profile von zwei sich gegenüberstehenden Menschen erkennen.

Wechselwirkungen. Eine helle Farbe wirkt gegen ein dunkles Umfeld noch heller und leuchtender oder dunkler gegen ein helles Umfeld. Zudem haben wir das Gefühl, die obigen Farbfelder auf dem dunklen Hintergrund seien grösser, und bei der folgenden Abbildung scheint die weisse Figur grösser, obwohl beide Figuren gleich gross sind.

Graukontraste. Mittlere und helle Grau sind auf Beeinflussung durch andere Farben besonders empfindlich. Die Bilder mit den Quadraten zeigen deutlich, wie ein neutrales Grau von den Farben seines Umfeldes beeinflusst wird. Betrachten Sie abwechslungsweise die grauen Felder, die alle von derselben Schattierung und Intensität sind. Dabei werden sie feststellen, dass das graue Quadrat im gelbroten Umfeld bläulich scheint, währenddem dasjenige im grünen Umfeld graurosa, beinahe violett wirkt. Das graue Quadrat im rotblauen Umfeld scheint grünlich und dasjenige im blauen Umfeld gelblich. Alle Grau scheinen jedoch auch etwas von den sie umgebenden Kontrastfarben aufgenommen zu haben. Die vier grauen Quadrate im farbigen Umfeld scheinen heller zu sein als dasjenige in der Mitte der vier Bilder.

Aus der Tatsache, dass Grau dazu neigt, seinen Ton durch sein Umfeld zu wechseln, kann man praktischen Nutzen ziehen. Stellt man zum Beispiel ein klargraues Sofa gegen eine grüne Wand, so wird die Sofafarbe graurosa wirken. Die Farbe muss mit der Farbe der Wand gebrochen werden, wenn sie klargrau scheinen soll. Dies ist eine weitere Möglichkeit, gegen die Simultanwirkung zu arbeiten.

Intensive Simultanwirkung. Wenn eine Farbe von einer mittleren Schattierung einem Umfeld von verschiedenen Farbintensitäten entgegengesetzt wird, sieht man den grauen Wechsel eindeutig. Im intensivsten Umfeld verliert das Grau seine eigene Intensität. Zudem verändert sich die Intensität auch durch die Grösse des Umfelds. Die meisten von uns haben schon in einem Geschäft nach einem kleinen Muster eine Farbe ausgesucht, die dann nicht unseren Erwartungen entsprach. Auf eine grosse Fläche aufgetragen wirkte die Farbe viel dunkler.

Die gleiche Farbe wirkt verschieden. Eine Farbe kann je nach Umfeld all ihre Werte wechseln. Auf den Abbildungen rechts haben alle Kreise dasselbe Grün. Beachten Sie, wie der Ton je nach Hintergrundfarbe wechselt, obwohl der Kreis zur Hälfte ins Weisse ragt. Auf dem hellgrünen Hintergrund wirkt die Farbe satter als auf dem dunkelgrünen. Sie nimmt einen gelblichen Ton an auf dem blauen Hintergrund, verliert seine Intensität auf dem kräftig grünen Hintergrund und wird geradezu strahlend auf dem schwarzen Hintergrund.

Um die Farbeindrücke analysieren zu können, decken Sie die überstehenden Teile mit einem weissen Papier ab. Sie erkennen dann den Unterschied zwischen den grünen Feldern eindeutig.

Es ist immer schwierig, eine Farbe zu beurteilen, wenn man sie nicht in ihrer Umgebung sehen kann. Die Tapete und der Vorhangstoff scheinen dieselbe Hintergrundfarbe zu haben, wenn man sie getrennt betrachtet. Werden sie jedoch nebeneinandergelegt, so verändert sich die Hintergrundfarbe gewaltig. Der Grund der Tapete wird grünlich und derjenige des Vorhangstoffs rosa.

Komplementärfarben, auch Gegen- und Ergänzungsfarben, sind zwei Farben, wenn sie sich gegenseitig zu Schwarz ergänzen.

In der Malerei war schon lange bekannt, dass man eine schöne Grauschattierung erhält, wenn man die erste Farbe mit ihrer Komplementärfarbe übermalt oder in Punkten oder Strichen nebeneinandersetzt. Bei den letzteren Methoden vermischen sich die Farben erst im Auge des Betrachters.

Komplementärfarben nebeneinander verstärken den Kontrast. Werden sie miteinander gemischt, so zerstören sie sich gegenseitig und werden zu Grau.

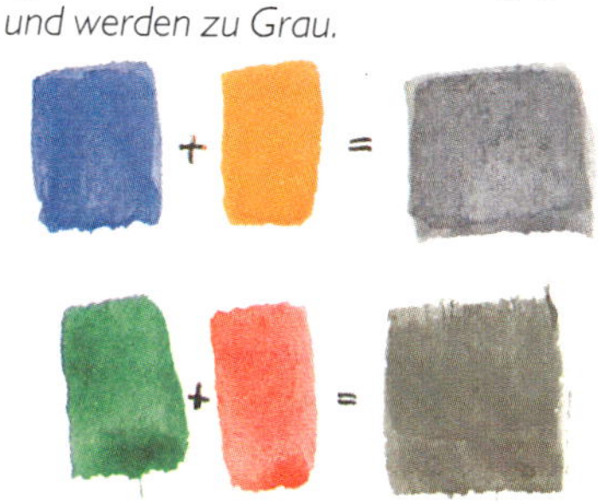

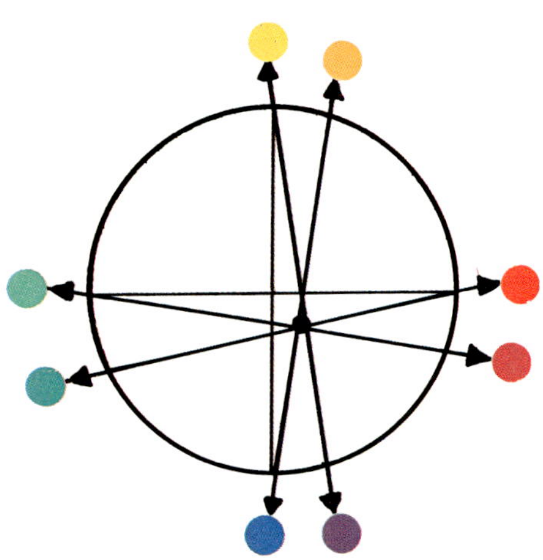

Das Bild links zeigt die ungefähre Lage der Komplementärfarben im Kreis. Die Primärfarbe Gelb hat Purpur, Blau hat Gelborange, Rot hat Grünblau und Grün hat Rotblau als Komplementärfarbe. Die sich kontrastierenden Farben Gelb und Purpur (wie Schwarz und Weiss) unterscheiden sich auch in der Intensität. Mit den Komplementärfarben Rot und Blaugrün kontrastieren sich je eine warme und eine kalte Farbe.

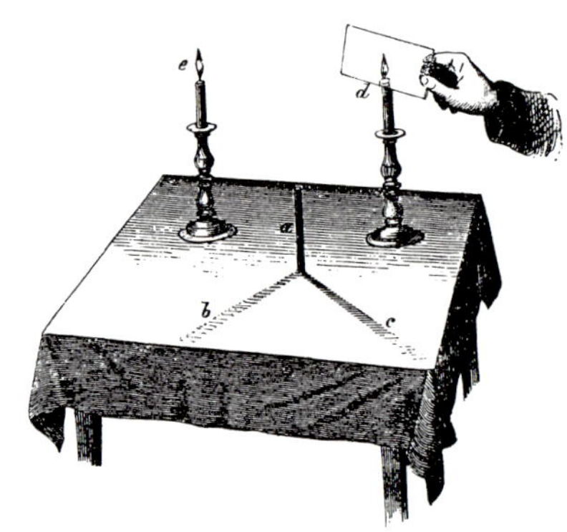

In seiner 1810 erschienenen Farbenlehre beschreibt Goethe, wie man mit einem einfachen Experiment nachweisen kann, wie der Schatten eines Gegenstands die Komplementärfarbe der Farbe des Lichts annimmt, das den Gegenstand trifft. Indem man verschiedenfarbige Filter vor eine Kerze hält (d), kann man die Farbe des Schattens verändern (b), auch wenn das Licht des Schattens vor der Kerze (e) unverändert bleibt. Ein Rotfilter macht den Schatten grün, blau macht ihn orange und gelb macht ihn purpur. Machen Sie das Experiment einmal selbst.

Nachbilder. Konzentrieren Sie sich 20 Sekunden auf den roten Pilz. Langsam werden Sie einen türkisfarbenen Hof darum sehen. Dann betrachten Sie die weisse Fläche, und Sie werden darauf einen türkisfarbenen Pilz sehen. Der rote Pilz hat folglich ein sogenanntes Nachbild. Hat man keine weisse Fläche, auf die man sich konzentrieren kann, wird sich das Nachbild bewegen.

Durch welche Flagge entsteht das grün-schwarze Nachbild? Wenn Sie sich für eine Weile auf das schwarze Kreuz konzentrieren und dann die Augen bewegen, sehen Sie die dänische Flagge. Betrachten Sie auch das blaue Kreuz im gelben Feld. Wenn Sie anschliessend auf eine weisse Fläche blicken, sehen Sie die schwedische Flagge. Der Grund dafür ist ein Nachbild in Kontrastfarben. Da das Auge beim Fixieren einer Farbe ermüdet, sucht es nach einem Gegengewicht und entwickelt daraus die Kontrastfarbe.

Machen Sie Versuche mit anderen Flaggen.

Es scheint, dass das Auge automatisch die Komplementärfarbe zur Farbe, die wir sehen, entwickelt. Die Farbe existiert nicht wirklich, und man kann sie nicht fotografieren. Doch gibt es Maler, die ihre Bilder auf diesem Prinzip aufbauen.

Nachbilder auflösen. Nachbilder werden oft als unangenehm empfunden. Nehmen wir das Beispiel von Ärzten, die in weisser Bekleidung operieren. Durch das starke Licht und das rote Blut sehen sie grüne Tupfen auf den Mänteln ihrer Gegenüber, wenn sie aufblicken. Durch das heute im Operationssaal verwendete Grün sind die irritierenden Nachbilder verschwunden.

Aus all dem können wir schliessen, dass wir nichtexistierende Farben sehen. Das Kontrastphänomen, die Farbwechsel, Nachbilder und Schattenfarben zeigen uns, dass die Farbenwahrnehmung etwas Aktives ist, eine unvermeidbare, unbewusste Anpassung von Farbeindrücken.

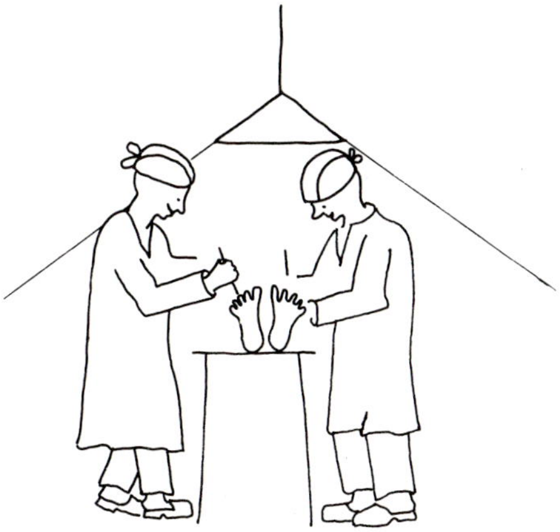

Vibration. Durch kontrastierende oder kalte und warme Farben nebeneinander können Vibrationen entstehen. Künstler verwenden dieses Phänomen oft, um in ein Bild Leben und Licht zu bringen. Beim Entwerfen von Mustern möchten wir dies jedoch vermeiden. Bei Bekleidungsstoffen kann es irritieren und bei Druckmaterialien sowie Signalen, die gut lesbar sein müssen, ablenken.

Wünschen wir einen starken Farbeindruck, möchten jedoch Vibration vermeiden, so reicht es wahrscheinlich aus, wenn wir eine Farbe dämpfen. In den beiden Beispielen links wurde dies für das Umfeld des rechten Beispiels angewendet. Die Leuchtkraft der Figuren und der Streifen wurde jedoch nicht verändert.

Gestreifte und karierte Flächen mit starken Kontrasten haben ebenfalls die Tendenz zu vibrieren, vor allem, wenn die Proportionen zwischen Hell und Dunkel gleich sind – die Streifen die gleiche Breite, die Karos die gleiche Grösse haben.

Die Stärke der Vibration hängt von der Dichtheit des Musters und der Betrachtungsdistanz ab. Die karierte Fläche, die bei näherer Betrachtung vibriert, fliesst bei grösserer Distanz zusammen und erscheint grau.

Um dieser Vibration entgegenzuwirken, kann man die Proportion zwischen hellen und dunklen Flächen ändern oder die Intensität des Musters herabsetzen. Je breiter die Streifen und je grösser die Flächen, umso weniger Vibration.

1

2

3

4

5

Die Bedeutung der Farben in der Gestaltung

Wir haben vorher gesehen, dass es die unterschiedliche Intensität zwischen zwei verschiedenen Flächen ist, die ein Muster verdeutlicht.

1 Die aus Papier geschnittenen Streifen bilden ein eindeutiges Muster, obwohl es nur Grautöne sind. Die vier Töne unterscheiden sich deutlich voneinander. Betrachten Sie nun, wie die gleiche Streifung ihren Charakter verändert, wenn wir sie aus farbigem Garn wickeln. Unsere Augen lesen die Farben zusammen mit den gleichen Werten, zum Beispiel der gleichen Intensität (hell oder dunkel), der gleichen Schattierung, dem gleichen Ton oder derselben Sättigung.

Es hängt von den Farben ab, ob ein Muster, bei dem gewisse Flächen hervorgehoben wurden, seinen ursprünglichen Charakter verliert. Aber auch hier ist die Betrachtungsdistanz wichtig. Aus der Nähe betrachtet, liest man Farben der gleichen Werte, aus der Distanz jedoch der gleichen Intensität zusammen. Werte können nicht irgendwie verändert werden. Will man zum Beispiel die gleichen Werte beim Verändern von einer Blau- zu einer Grauschattierung beibehalten, so findet man sehr rasch heraus, dass die Gelbtöne, die den Blautönen an Intensität entsprechen, verschwommen werden und dass das Dessin nicht mehr dasselbe ist.

2 Gibt man einem kleinen Teil des Dessins eine stark abweichende Farbe, so wird man in erster Linie diesen Akzent beachten.

3 Hat das ganze Dessin gleichwertige, jedoch total verschiedene Farben, dann ist es diese Ähnlichkeit, die hervortritt. Dadurch wird das Dessin unscharf, und der Rhythmus geht verloren.

4 Dasselbe geschieht, wenn das Dessin zwar verschieden eingefärbt wird, jedoch alle Farben matt sind.

5 Wenn sich die Streifen des Musters schrittweise von kräftigen zu schwachen Schattierungen verändern, so wird das Dessin weicher und erhält einen ganz anderen Charakter, jedoch verwischte Ränder.

Transparenz

Es ist interessant, einmal einen Versuch mit Opakpapier zu machen, um eine Vorstellung von Transparenz zu erhalten. Schneiden Sie helle und dunkle, klare und trübe Stücke aus Bildzeitungen. Legen Sie teilweise zwei Papiere übereinander, und suchen Sie dann die entsprechende Mischfarbe der beiden Papiere. Diese Mischfarbe muss die beiden Flächen dekken. Hat man die richtige Mischfarbe gefunden, so werden die Flächen transparent wirken (mehr über Mischfarben auf Seite 150). Alle für diese Übung verwendeten Papiere auf dieser Doppelseite sind opak und nicht transparent.

Bei den Farbkombinationen der Acrylmalerei Farbbau *von K. G. Nilson von 1976 wirken einige davon transparent. Zwischen den verschiedenen Feldern herrschen dauernder Wechsel und gegenseitige Beeinflussung. Zu Beginn des 20. Jahrhunderts experimentierte die russische Avantgarde mit Flächen, Transparenz und Spiegelungen. Leider wurden sie nicht ernst genommen, und bis zu den 50er Jahren waren die meisten von ihnen vergessen. Dank George Costakis' unermüdlichem Einsatz, mit dem er solche Arbeiten aufspürte und aufkaufte, konnten einige der Werke gerettet werden. An der Ausstellung von 1983* Russische Avantgarde, *die in verschiedenen amerikanischen und europäischen Städten gezeigt wurde, sah man Arbeiten von zwei Künstlern, die sich für Transparenz interessierten: Ivan Kljun und El Lissitzky.*

△
Es ist schwierig festzustellen, ob die weissen Streifen über oder unter dem schwarzen Streifen liegen. Der Streifen rechts liegt klar darunter, der Streifen links klar darüber.

Farbkompositionen

Eine Kombination aus zwei oder mehr Farben bezeichnet man als Komposition. Eine solche Komposition findet man meist interessanter als eine einzige Farbe. Dass wir einige Farben vorziehen, liegt wahrscheinlich an unserer Herkunft und an früher gemachten Erfahrungen, bei denen eine bestimmte Farbe eine wichtige Rolle spielte. Es ist wichtig, dass wir unser Farbgefühl trainieren und unvoreingenommen arbeiten. Eine Farbe mag in einem Zusammenhang falsch sein, in einem anderen jedoch genau richtig. Interessante, lebhafte Kompositionen lassen sich aus nur einer Schattierung schaffen, wenn wir Intensität, starke und schwache Töne, Nuancen und Harmonie beachten (siehe Seite 19).

Kontrastfarben, die in maximaler Intensität ihre gegenseitige Leuchtkraft erhöhen und Vibrationen hervorrufen, können ruhige, weiche und gefällige Kompositionen ergeben, wenn man helle Schattierungen verwendet (siehe Seiten 38 und 66).

1 Verwendet man Farben aus einem Quadranten, so lässt sich aus den Abstufungen zwischen den beiden Grundfarben eine harmonische Komposition bilden.

2 Verwenden wir Farben aus zwei Oktanten um eine Grundfarbe herum – in diesem Fall Blau –, so entsteht eine lebhafte, harmonische Komposition.

3 Kombiniert man Farben aus drei oder vier Quadranten, so wird der Eindruck vielleicht lebhaft und gestört wegen der höheren Anzahl Grundfarben.

Es ist unmöglich, alle Farbkombinationen aufzulisten. Jedoch gilt allgemein, je mehr Farben in einer Komposition vorhanden sind, desto schwieriger ist es, Ausgewogenheit zu erreichen. Um irritierende Farbeffekte und gebrochene Muster zu vermeiden, sollte man eine Farbe dominieren lassen. Überhaupt ist es oft vorteilhaft, wenn in einem Muster eine Farbe hervorsticht.

Man kann jedoch auch den Farben verschiedene Charaktere geben, zum Beispiel hellt man eine Farbe auf, bei einer weiteren erhöht man die Intensität, eine andere wird getrübt und eine vierte mehr gesättigt usw.

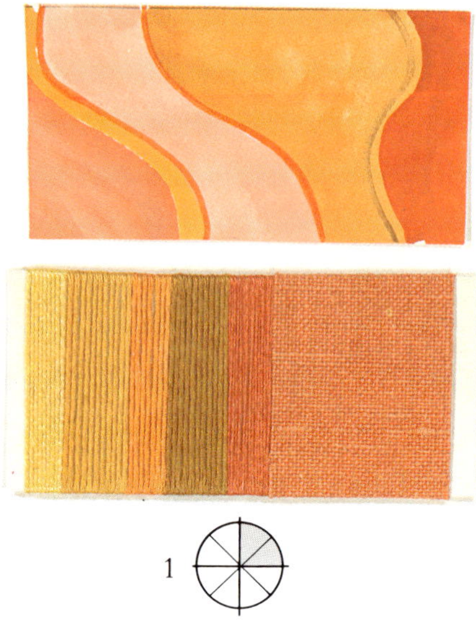

1

2

3

Entstehung der Farben

Damit wir überhaupt Farben sehen, brauchen wir Licht; im Dunkeln sehen wir keine Farben. Was wir mit Licht umschreiben, sind eigentlich verschiedene Wellenlängen und ihre Schwingungen. Weisses Licht enthält alle Spektralfarben (die Farben des Regenbogens). Der Wellenlänge entsprechend geht die Reihenfolge vom langweiligen Rot über Gelb, Grün und Blau zum kurzwelligen Violett. Farbige Flächen enthalten Pigmente, die einige Wellenlängen reflektieren und andere wieder absorbieren. Wird langwelliges Licht reflektiert, so sehen wir Rot. Wird kurzwelliges Licht reflektiert, so sehen wir die Fläche blau oder violett. Werden alle Wellenlängen reflektiert, sehen wir die Fläche weiss und grau. Farbige Lichtstrahlen gehen durch die Pupille und treffen auf die Netzhaut, die ihrerseits mittels des Sehnervs Impulse an unser Gehirn weiterleitet. Nach einem komplizierten Vorgang erreichen die Nervenimpulse das Sehzentrum im Gehirn, und wir sehen Farben dank Auge und Verstand.

Farben aus mineralischen Substanzen

Der Mensch hatte schon immer den ausgeprägten Wunsch, sich und seine Umgebung durch Farben zu verschönern. Die Herstellung von Farben ist deshalb schon sehr alt. Die Tierdarstellungen in den Höhlen von Südfrankreich und von Nordspanien sind mit Erdfarben gemalt: Gelb, Rot, Weiss, Braun und Schwarz.

Die Substanzen wurden in einem Mörser zusammen mit tierischem Knochenmark und Urin als Bindemittel zerstampft. Diese Farben aus kräftigen, aushärtenden Zutaten haben sich bis heute erhalten. Künstler und Handwerker verwenden sehr oft Farbstoffe aus Mineralien, zum Beispiel Ocker, Umber und Siena stammen von Tonerden. Dasselbe Ausgangsmaterial wurde für verschiedene Farbtöne verwendet. Wurden die Stoffe zum Beispiel mit einem Eiemulsionsbindemittel verarbeitet, so erhielt man Temperafarben, verarbeitete man sie mit Öl, so erhielt man Ölfarben.

Zinnober ist ein leuchtend rotes Mineral (Quecksilbererz), das schon im alten China und Ägypten bekannt war.

Elfenbeinschwarz entstand durch das Verbrennen von gemahlenen Elefantenzähnen.

Ultramarin war das einzige tiefe Blau, das die Maler des Mittelalters und der Renaissance kannten. Es wurde aus Lapislazuli hergestellt, und man bezog es aus Persien, aus China und dem Tibet (Blau von jenseits des Meeres – *Azurum Ultramarinum*). Es gab mehrere Klöster, die für die Herstellung des Stoffes bekannt waren, jedoch mit der Herausgabe dieser kostbaren Farbe geizten.

Sepia, seit Mitte des 18. Jahrhunderts als Tusche und als Aquarellfarbe verwendet, ist ein Farbstoff aus einer Darmdrüse des Tintenfischs, den er ausstösst, um sich vor seinen Feinden zu retten.

Textilfarben

Zum Bemalen von Textilien wurden zuerst ebenfalls Erdfarben benutzt. Sie wurden entweder mit einem Hohlknochen aufgesprüht oder mit einem Pinsel aufgemalt. Dies bedeutete jedoch, dass die Farben nur oberflächlich waren und sich rasch abnutzten. Eigentliche Textilfarben tauchten erst auf, als man eine Methode entdeckte, mit der gelöste Farbstoffe Textilfasern durchdringen können.

Funde aus China, Indien und Ägypten beweisen, dass diese Technik lange vor Christi Geburt bekannt war. Dabei dienten vor allem Pflanzen der Farbgewinnung. Man entdeckte, dass Blumen, Blätter, Wurzeln, Rinden, Moose und Flechten nützliche und zum Teil sehr dauerhafte Farbstoffe enthielten, wobei Rot, Gelb und Blau vorherrschend waren. Grün erhielt man, indem man das Material zuerst gelb und dann blau färbte. Gelb war kaum lichtecht und bleichte leicht aus. Der kühle blaugrüne Grundton, der bei alten Tapisserien oft vorherrscht, beruht auf dieser Tatsache. Erst Ende des 19. Jahrhunderts wurde es möglich, lichtechte Grün herzustellen.

Indigo ist eine blaue Substanz, die von alters her in Asien bekannt ist. Laut Marco Polo kennt man Indigo seit Ende des 13. Jahrhunderts in Venedig. Er kann aus verschiedenen Leguminosen hergestellt werden. Der tropische *Indigofera tinctoria*, der aus Indien und Java stammt, soll qualitativ der beste sein. Der Farbton hängt von der Stärke des Farbbandes ab. Von Grünblau über ein Klarblau bis zu blauroten Tönen ist alles möglich. Alle Töne sind jedoch klar und leuchtend, ob es sich nun dabei um einen leichten oder einen übersättigten bläulichen Ton handelt. Indigo wird auch als *König der Farben* bezeichnet. Weil er schön und kräftig ist.

Heute erhält man synthetischen Indigo mit gleich guten Qualitäten. Beim heutigen Trend zu natürlichen Färbemitteln kann man jedoch auch den ursprünglichen Indigo kaufen.

Färberwaid. Diese Pflanzengattung diente schon in der Eisenzeit zum Blaufärben, und im Mittelalter wurde der sogenannte

Indigo

europäische Indigo auf breiter Basis (speziell in Frankreich und in Deutschland) angepflanzt. Er glich dem ursprünglichen Indigo, war jedoch weit weniger lichtecht. Er wurde deshalb bald einmal mit importiertem Indigo vermischt. Nach der Entdeckung der Meeresroute nach Indien, am Ende des 15. Jahrhunderts, war die Verwendung des Färberwaids gefährdet, und es entstand ein Widerstand gegen den Gebrauch von Indigo. Als im 17. Jahrhundert der Welthandel intensiviert wurde, verdrängte der Indigo den Färberwaid endgültig.

Purpur. Um 1600 v. Chr. wurde eine rotfärbende Substanz tierischen Ursprungs entdeckt – Purpur. Sie wurde aus dem Drüsensaft der Purpurschnecke gewonnen, die an der Mittelmeerküste vorkommt. Die Schnecken wurden zerstampft und ausgekocht. Dann wurde der gewonnene Saft gereinigt und zum Färben verwendet. Nach dem Trocknen trat ein leuchtend dunkelroter oder blauroter, farbechter Ton hervor. Mit Purpur gefärbte Kleider konnte sich früher nur der Adel leisten, und deshalb wurde die wertvolle Substanz auch die Farbe der Könige genannt. In der Zeit Neros zum Beispiel wurden die kaiserlichen Kinder in Purpurstoffe gewickelt, und ohne die Erlaubnis des Kaisers durfte niemand ein purpurgefärbtes Kleidungsstück tragen. Als 1543 die Türken Konstantinopel eroberten, wurden die Werkstätten der Färber zerstört, und die Kunst, mit Purpur zu färben, ging vergessen. Heute wird Purpur synthetisch hergestellt.

Purpur wurde durch andere rotfärbende Substanzen ersetzt, die ebenfalls aus dem Tierreich stammen: Kermes und Karmesin (oder Karmin) aus Schildläusen.

Purpur

Kermes, aus einer weiblichen Schildlaus gewonnen, wird im Orient seit Tausenden von Jahren zum Rotfärben verwendet. Von dort wurde es in der Mitte des 15. Jahrhunderts nach Europa gebracht.

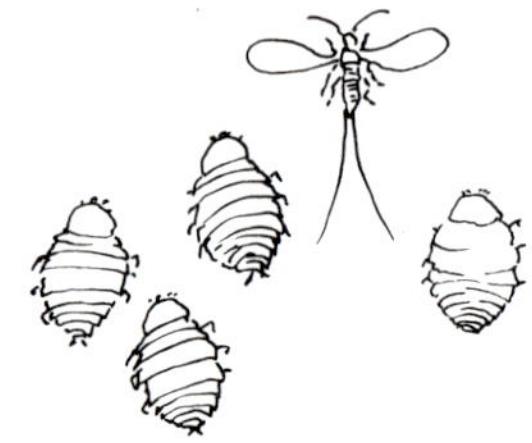

Karmesin, das von der Koschenillelaus stammt, wurde für Europa sehr rasch wichtig und wird auch heute noch verwendet. Es war dem Azteken- und dem Inkavolk bekannt, bevor die Spanier 1518 nach Mexiko kamen. Die Spanier waren von den tiefroten Umhängen der Leute fasziniert. Sie fanden, es überträfe Purpur bei weitem. Die Farbsubstanz wird aus den befruchteten weiblichen Koschenilleläusen gewonnen, die man mit einer Feder von Kakteen wischt, durch Kochen oder mit Äther tötet, anschliessend an der Sonne trocknen lässt und dann im Mörser zerstampft. Seit 1526 wird Koschenille nach Europa exportiert, und ab Mitte des 16. Jahrhunderts importierte man auch die Opuntia-Kakteen, auf denen die Läuse leben. Carl von Linne wollte die wertvollen Tierchen in Treibhäusern in Schweden züchten, um damit dem Königreich schweres Gold für den Import von Koschenille zu ersparen. Als die reich mit Läusen besetzte Opuntia nach einer abenteuerlichen Reise im Botanischen Garten von Uppsala eintraf, wurde sie von einem Gärtner ausgepackt. Dieser sah in den kleinen, unsympathischen Häufchen eher einen Parasiten als wertvolle Insekten und wischte sie ab. Als Linne die Anschaffung inspizierte, fand er den Kaktus blankgeputzt, ohne ein einziges Insekt darauf.

Krapp ist seit Tausenden von Jahren in Persien und in Indien bekannt und neben Indigo die bekannteste Färberpflanze der Welt. Die Farbsubstanzen, die einen natürlichen, gelbroten Ton haben, den man auch als Türkischrot bezeichnet, wird aus der Wurzel der *Rubia peregrina* extrahiert. Unter Karl dem Grossen wurden grosse Pflanzungen mit Krappwurz angelegt, und im 18. Jahrhundert gab es solche Pflanzungen auch in Schweden. So wie Koschenille wird Krapp auch heute noch verwendet.

Synthetische Farben. Natürliche Farbstoffe waren nur bis zum Ende des letzten Jahrhunderts exklusiv und wertvoll. Dann kamen die ersten synthetisch hergestellten Farben auf den Markt. Die ersten synthetischen Textilfarben wurden 1856 von einem 18jährigen Engländer namens William Perkin hergestellt. Gegen Ende der 1850er Jahre begannen auch die Färberstätten auf dem Festland, mit chemisch hergestellten Farbsubstanzen zu arbeiten. Die sogenannten Anilinfarben waren aber nicht lichtecht. Heute jedoch übertreffen die synthetischen Farbstoffe die natürlichen. Durch die Entwicklung von chemischen Farben steht uns heute eine fast grenzenlose Auswahl an Tönen zur Verfügung. Wir haben damit nicht nur kräftige, klare und leuchtende Farben, sondern auch die ganze Skala der sanften Töne der natürlichen Farben. Die Tatsache, dass heute wieder ein grosses Interesse am Färben mit natürlichen Stoffen besteht, liegt wohl am allgemeinen Wunsch nach Naturprodukten und am tiefverwurzelten Verlangen, am Können und an den Erfahrungen früherer Generationen teilzuhaben.

Kurzer Abriss über Farbstudien

Künstler, Handwerker und Färber haben Farben schon immer aufgrund des künstlerischen und des ästhetischen Aspekts studiert. Sie stellten ihre Farben selbst her, und Rezepte für schöne, lichtechte Farben waren wohlgehütete Geheimnisse. Viele Autoren, Philosophen und Forscher bewegte der Unterschied zwischen Farbwirklichkeit und Farbwirkung. Schon die alten Griechen diskutierten darüber, ob Farben in der Substanz enthalten sind oder nur mit dem Verstand wahrgenommen werden. Wissenschaftler haben verschiedentlich versucht, Farbähnlichkeiten und -unterschiede zu erklären sowie Systeme und Gesetzmässigkeiten zu finden. Jeder Wissenschaftler war von der universellen Anwendbarkeit seines Systems überzeugt. Heute wird das ganze auf übergeordneter Ebene von Wissenschaftlern, wie Chemikern, Physikern, Physiologen und Psychologen, gemeinsam diskutiert. Der Renaissancekünstler Leonardo da Vinci war einer der ersten, der über Farben schrieb. In seinem Traktat *Über die Malerei*, geschrieben Ende des 15. Jahrhunderts, spricht er über sechs Grundfarben: Weiss, Gelb, Grün, Blau, Rot und Schwarz. Seine Zeitgenossen betrachteten Weiss und Schwarz nicht als Farben. Für viele der heutigen Wissenschaftler sind diese sechs Farben jedoch Basis für ein System, und darauf baut auch das Schwedische Farbsystem auf. Da Vinci war auch der erste, der einsah, dass Schatten Farben haben. 1810 veröffentlichte Johann Wolfgang von Goethe seine Farbenlehre, die auf einem 20jährigen Studium der Farbphänomene beruht. Sie ist auch heute noch lesenswert. Goethe fordert darin auf, selbst zu experimentieren und unsere eigenen Beobachtungen zu machen. Von wolkigen Erscheinungen wie Rauch schreibt er: «Rauch sieht gegen einen dunklen Hintergrund blau aus, jedoch gelbgrau gegen einen hellen Hintergrund.» Er macht auch Sehexperimente mit Schattenfarben.

Der deutsche Physiologe Ewald Hering schrieb 1878, dass alle Farbsysteme darauf aufbauen müssen, wie wir Farben erfahren, und nicht, wie wir sie mischen. Daraus schloss er, dass die Grundfarben Gelb, Rot, Blau und Grün seien.

Der amerikanische Maler Albert Munsell vertrat die Meinung, dass das wichtigste die Farbanalyse sei. Sein *Atlas of the Color System*, 1910 publiziert, baut auf fünf verschiedenen Hauptfarben auf: Rot, Grün, Blau, Gelb und Purpur. Er ordnete sie aufgrund der drei beobachteten Qualitäten Ton, Stärke, Schattierung. Dieses System, das vor allem in den USA verwendet wird, wurde mehrmals überarbeitet. Wilhelm Ostwald, ein deutscher Chemieprofessor und Nobelpreisträger, publizierte 1917 seine *Farbenfibel*, in der er auf den vier Grundfarben Gelb, Rot, Blau und Grün aufbaut. Sein Grundgesetz lautet: Harmonie = Ordnung, das heisst mögliche Ordnung im Farbkörper mit wertgleichen Farbkreisen und farbtongleichen Dreiecken.

In den 40er Jahren baute der schwedische Physiker Tryggve Johannson seine Theorie auf den Ideen von Munsell, Ostwald und vor allem von Hering auf. Für das von ihm erfundene NCR-System begann er mit vier Grundfarben: Gelb, Rot, Blau und Grün. Er ordnete sie nach den fünf bei Farben beobachteten Qualitäten: Ton, Wert, Schattierung, Intensität und Sättigung. Er stellte sie auf dem Farbkreis unterteilt in Tonsektoren dar. Weiss, Schwarz und alle Grautöne dazwischen bilden die Grauskala, mit der die Farbwerte verglichen werden.

Er befasste sich auch mit Kontrastphänomenen, Nachbildern und der Farbtheorie in praktischer Anwendung. Das *Farbbuch, Farbenlehre im Unterricht*, das das Schwe-

dische Heimatwerk 1965 fünf Jahre nach dem Tode von Tryggve Johannson herausbrachte, basiert auf seiner Theorie und seiner Arbeit mit einer Studiengruppe, mit der er sich von 1948 bis zu seinem Tode beschäftigte.
Ungefähr zur gleichen Zeit betrieb auch Johannes Itten, einer der wichtigsten

Ittens Farbkreis

Kunsterzieher in Europa und Vertreter der Bauhaus-Ideologie, seine Farbstudien. Seine konstruktive Farbenlehre entwikkelt sich aus den drei Farben erster Ordnung – Gelb, Rot und Blau. Die Abbildung zeigt seinen zwölfteiligen Farbkreis. In den Kreis wird ein gleichseitiges Dreieck mit den Farben erster Ordnung gesetzt. Daraus entwickelt man ein Sechseck. In die Restdreiecke gibt man die drei Mischfarben zweiter Ordnung – Orange, Grün und Violett. In das Kreisband mit zwölf Sektoren werden die Farben dritter Ordnung gesetzt: Gelborange, Rotorange, Rotviolett, Blauviolett, Blaugrün und Gelbgrün. 1961 erschien sein Buch *Kunst der Farbe*.

1964 errichteten die Ingeniorsvetenskapsakademin und die Svenska Sljodforeningen die Svenskt-Fargcentrum-Stiftung, heute Skandinaviska Farginstitutet genannt. Unter der Leitung des Ökonomen Anders Hard wurde dort ein Farbatlas entwickelt, in dem 1412 Farben systematisch und präzise beschrieben sind. Dieser Atlas gilt heute in Schweden und in einigen anderen Ländern als Norm. Das sogenannte *Natural Color System* (NCS) baut auf sechs Grundfarben mit unabhängigen Charakteristika auf – Gelb, Rot, Blau, Grün, Weiss und Schwarz. Durch die Verwendung eines einfachen Buchstaben-/Zahlencodes werden drei Variationen von Tönen, Farbwertgraden, Nuancen und Schattierungen beschrieben, so dass man eine eindeutige Beschreibung aller möglichen Schattierungen erhält (siehe Seiten 126 und 127).

Farben in der heutigen Anwendung

Mit dem Wort *Farbe* drücken wir verschiedenes aus. Nämlich zum einen das, was wir mit Verstand und Gefühl unter Farbe verstehen, und zum andern die Flüssigkeit, in die wir den Pinsel tauchen. Wir drücken damit gesehene und erfahrene Eindrücke aus und meinen damit auch die eigentlichen Farbcharakteristika wie kräftig, klar, warm, hell, gesättigt usw.

Ist mit Farbe das Material zum Malen gemeint, so bezeichnen wir dies vielleicht genauer mit Wasser-, Oel-, Lackfarbe oder mit der näheren Angabe des Verwendungszwecks wie: Boots-, Aussen-, Bodenfarbe. Informationen über Dinge, wie Wetter, Jahreszeit, Gesundheit einer Person, Reifegrad und Frische von Esswaren, die wir mit Farben angeben, sind für uns täglich Orientierungshilfen. Da wir Farben rascher erkennen als Buchstaben und Zahlen, werden sie heute für Warnsignale verwendet. Man denke nur an die verschiedenen Verkehrssignale, die in einer Kombination von Rot, Gelb und Schwarz eine Warnung bedeuten. So warnen diagonale, schwarz-gelbe Streifen am Arbeitsplatz vor beweglichen Maschinenteilen. Rot wird bei Ausrüstungsgegenständen zur Feuerbekämpfung eingesetzt. Blau bedeutet oft *Vorsicht*, deshalb wird ein Anlasserknopf einer Maschine so angemalt. Schutz- und Sicherheitsgeräte sind grün. Das rote Kreuz auf weissem Feld ist dem Internationalen Roten Kreuz vorbehalten. Notausgangssignale befinden sich oft auf einem roten oder einem grünen Feld.

Farbige Markierungen auf Böden und Wänden helfen Patienten und Besuchern, sich in einem Spital oder einem weitläufigen Institut zurechtzufinden.

Bauvorschriften verlangen, dass hervorspringende Gebäudeteile oder Stufen mit einer Schockfarbe bemalt werden, was auch oft als Dekor integriert wird.

Täuschungen mit Farben

Aus Gründen von Magie und Ästhetik hat der Mensch von alters her Farben zum Schmücken seines Körpers oder seiner Umgebung verwendet, ob es sich dabei nun um Höhlenbilder, Untergrundstationen, steinzeitliche Tongefässe oder heutige Plastikbehälter handelt. Synthetische Materialien sind grau und langweilig. Sie werden deshalb rot, gelb, grün oder blau eingefärbt. Da natürliche Materialien noch immer grösseres Ansehen als Kunststoff geniessen, werden nebst der Farbe oft auch Textur und Struktur nachgeahmt, damit ein Plastikgegenstand wie aus Holz, aus Metall oder aus Gummi aussieht. Mit Hilfe der Farben kann man einem Artikel ein leichteres oder ein schwereres Aussehen verleihen. Ein Gegenstand wirkt in einem warmen Ton grösser und länger, jedoch kürzer und kleiner in einem kühlen Ton wie Blau oder Grün.

Mit Farben lassen sich auch die Proportionen eines Raums verändern. Indem man Wände und Decke hell streicht, kann ein Zimmer geräumiger wirken. Zieht man jedoch die Deckenfarbe über die Wände herunter, so wirkt ein hoher Raum niedriger.

Farben können uns helfen

Vor über 100 Jahren beobachtete Florence Nightingale, dass sich die Patienten im Feldlazarett mit bestimmten Farben in der Umgebung wohler fühlten und rascher genasen. Heute wissen wir, dass unser ganzer Körper auf Farben reagiert. So erhöht zum Beispiel rotes Licht den Blutdruck, unsere Atemfrequenz und den Lidschlag pro Sekunde. Blau hingegen bewirkt den gegenteiligen Effekt. Die Reaktionsgeschwindigkeit ist in einem roten Raum um 20 % höher als im Durchschnitt. Grünes Licht hingegen bewirkt eine langsamere Reaktion. Wir wissen auch, dass Rot Symptome, wie Kurzsichtigkeit oder Gleichgewichtsstörungen, verstärken kann, und dass feinmotorische Fähigkeiten bei grünem Licht exakter ausgeführt werden als bei rotem.

Farben als Schutz

Gegen Wind und Wetter gibt es Schutzfarben. Farben werden zur Konservation und zur Verzögerung des Alterungsprozesses als Schutzanstrich aufgetragen.

Flächen kann man mit einer glatten Schicht schmutzabstossend machen, und mit einem Anstrich lassen sie sich vor Verrottung und Rost schützen. Mit einem Schutzanstrich hält ein Material vielleicht hundert Jahre statt zehn. Es gibt als Brandschutz Farben, die Blasen bilden und so bei Holz die Temperatur heruntersetzen und vor den Flammen isolieren.

Farben im Umweltschutz

Verwendet man eine Farbe, die das Gefühl von Wärme vermittelt, so kann in einem Zimmer die Temperatur um mehrere Grade gesenkt werden. Eine lichtreflektierende Farbe an Wänden und Decke hilft Licht sparen. Es gibt farbige Aussenschichten, die Neutronen absorbieren und gegen radioaktive Strahlen schützen. Für Fassaden gibt es schmutzabstossende Lasuren. Und in Zukunft wird man noch mehr Gebiete zur Anwendung von Farben finden. Auch wenn die wissenschaftliche Forschung und der Umgang mit Farben etwas abstrakt erscheinen, so resultieren sie doch oft aus der praktischen Anwendung.

Optische Täuschungen

Aus Erfahrung wissen wir, dass es schwierig ist, einen Geruch, etwas Gehörtes oder Erfühltes klar zu beschreiben. Was wir jedoch sehen, glauben wir. Betrachten Sie die Zeichnungen auf dieser Seite etwas genauer, und Sie werden feststellen, dass sich auch unsere Augen täuschen können. Das Phänomen beruht darauf, dass die Hornhaut horizontal weniger gebogen ist als vertikal. Es ist deshalb nicht möglich, waagrechte und senkrechte Linien auf derselben Ebene gleichzeitig zu sehen.

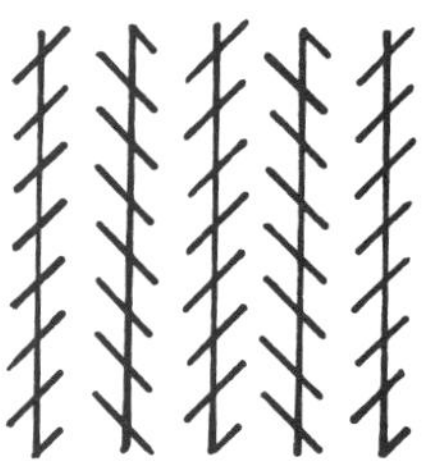

Der Zollner Effekt. Dieser Effekt beruht auf einer Beobachtung des deutschen Physikers Friedrich Zollner im 19. Jahrhundert: Um Fahnenstangen, die eine Strasse schmückten, waren Kränze aus Blättern gewunden. Zollner hatte das Gefühl, dass die Stangen nicht gerade seien, und prüfte dies mit einem Senkblei nach – sie waren gerade. Dann stellte er fest, dass nicht alle Kränze in der gleichen Richtung um die Stangen gewunden waren und dass dies der Grund der Täuschung war. Zwei parallele, gerade Linien scheinen sich zu biegen und an den Enden nä-

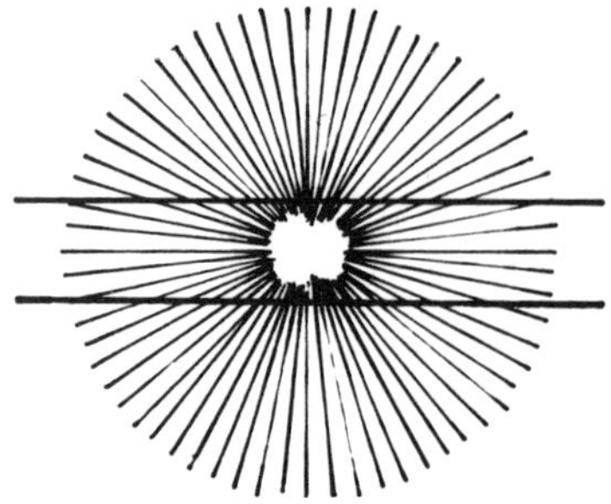

her zusammenzurücken, wenn sie von anderen Linien in weiterem oder in engerem Winkel gekreuzt werden.

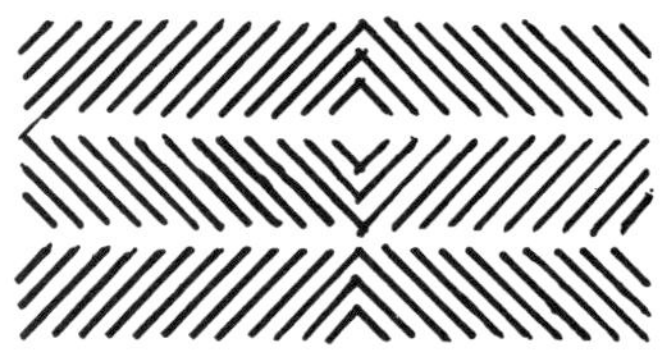

Die drei Streifen scheinen weder gerade noch parallel zu sein. Prüfen wir jedoch mit einem Massstab nach, so stellen wir fest, dass die schrägen Linien das Auge täuschen. Welche der beiden Diago-

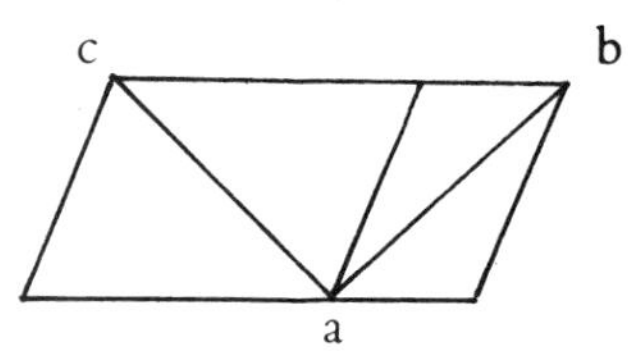

nalen ist länger, a–c oder a–b? Die meisten würden a–c sagen. Beide Linien sind jedoch gleich lang.

Der Abstand zwischen den Pfeilspitzen a und b scheint kürzer zu sein als zwischen b und c. Mit einem Massstab überprüft, sind beide gleich lang.

Die Poggendorffsche Täuschung (J. Ch. Poggendorf, deutscher Physiker, 1796–1877). Hier muss man sich entscheiden, ob die Linie a oder b in der

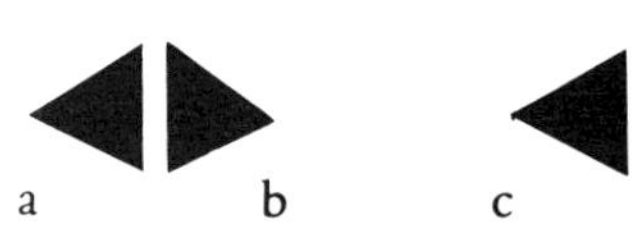

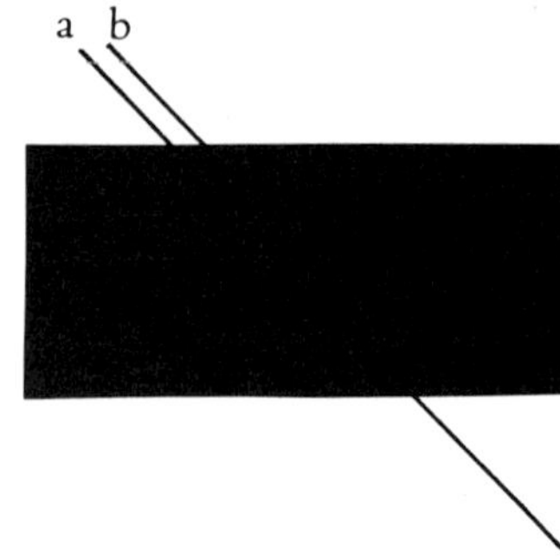

Linie c weiterläuft. Das schwarze Rechteck irritiert den Blick, und die meisten werden die falsche Linie bezeichnen. Durch das Anlegen eines Massstabs an Linie c kann man dies nachprüfen.

Welcher der beiden Bögen ist länger? Wir werden ohne Zögern den unteren nennen. Nach einer Überprüfung wird man jedoch mit dem Schätzen nur aufgrund einer Betrachtung vorsichtiger werden.

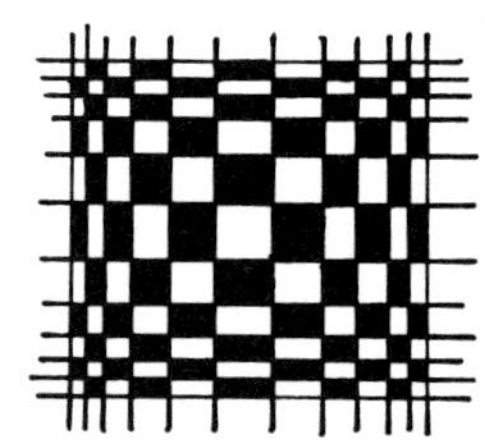

Werden Proportionen stufenweise verändert, erhalten wir das Gefühl von Tiefe oder Entfernung, da sich das Auge auf die Perspektive richtet. Daraus entsteht die Illusion von Volumen. Hier scheint sich die Fläche von der Mitte her nach aussen zu biegen.

Geometrische Figuren falten

Quilterinnen und Stickerinnen haben schon früher gezeigt, dass man geometrische Figuren ohne technische Hilfsmittel falten kann. Mit Hilfe eines Tellers zeichneten sie einen Kreis, den sie ausschnitten und zu Ecken oder Sternen falteten. Da die Bibel oft der einzige Gegenstand mit einem rechten Winkel war, benutzten sie auch diese zum Entwerfen von Rechtekken, aus denen sich Quadrate, Dreiecke, Rhomben usw. falten liessen. Mit diesen wiederum zeichneten sie ihre Stickmuster.

▷

Man markiert den Stoff mit einer Linie. Dann legt man eine runde Form abwechslungsweise über und unter die Linie und fährt mit einem Stift nach. So erhält man eine Girlande.

▷

Einen Kreis teilt man in die Hälfte und diese in drei gleiche Teile. Damit ist der Kreis in sechs gleiche Segmente unterteilt. Verbindet man die Punkte am Aussenrand mit geraden Linien, so entsteht ein Sechseck. Werden die Segmente nach aussen gespiegelt wiederholt, so erhält man einen Sechszackstern.

▷

Ein Kreis wird in die Hälfte gelegt, die Hälfte wird noch einmal gefaltet und der entstehende Viertel ebenfalls. So erhält man regelmässige Achtel. Auf die gleiche Art wie das Sechseck kann man nun ein Achteck und einen Achtzackstern zeichnen.

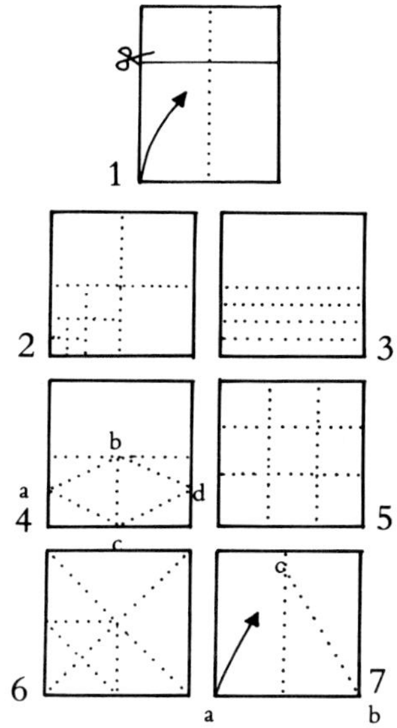

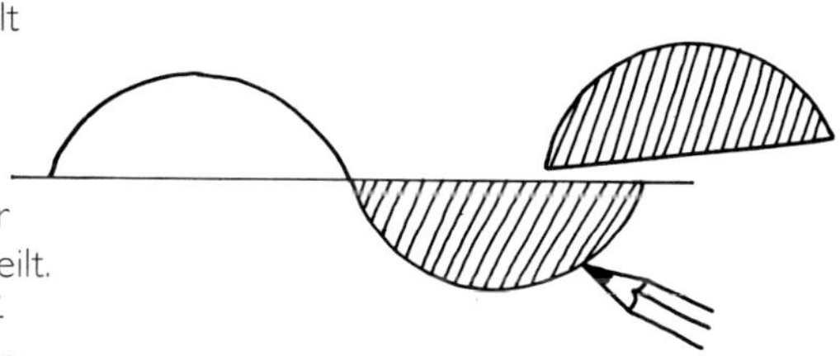

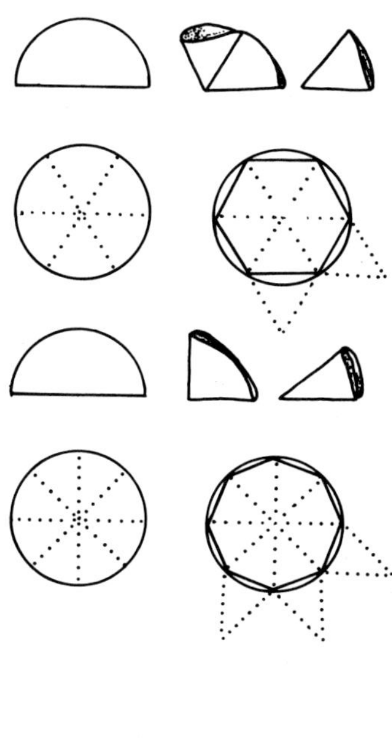

1 Von einem A4-Blatt faltet man eine untere Ecke nach oben, so dass ein Quadrat entsteht. Das überstehende Papier wird abgeschnitten.

2 Das Quadrat wird zweimal so gefaltet, dass Viertel entstehen. Diese können auf die gleiche Art weiter unterteilt werden.

3 Faltet man ein Quadrat mehrmals in derselben Richtung, so entstehen Rechtecke oder schmale Streifen.

4 Man legt das Blatt zweimal waagrecht und einmal senkrecht in die Hälfte und verbindet die äusseren mittleren Punkte miteinander. Damit entsteht ein Rhombus *abcd.*

5 Wird ein Quadrat in beiden Richtungen gedrittelt, so erhält man das *Neunerquadrat*, ein bekanntes Steppmuster.

6 Teilt man ein Quadrat diagonal, so entstehen gleichschenklige Dreiecke.

7 Für ein anderes gleichschenkliges Dreieck teilt man ein Quadrat senkrecht in zwei Hälften, dann faltet man von Punkt a nach Punkt c und von Punkt b nach Punkt c je eine Linie und erhält so ein gleichmässiges Dreieck.

▽

Mit Hilfe von zwei Stecknadeln, etwas Zwirn und einem Bleistift kann man ein Oval zeichnen, wobei die Grösse des Ovals von der Länge des Zwirns und dem Abstand der beiden Stecknadeln abhängt.

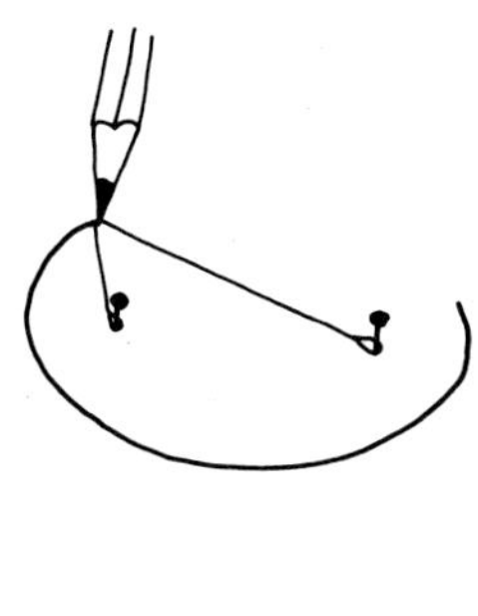

Geometrische Gestaltung

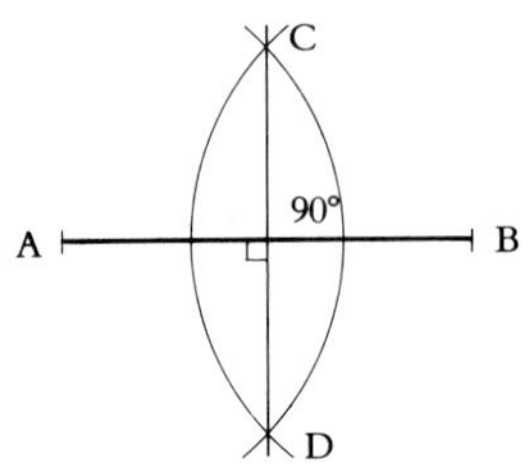

Eine vorgegebene Länge wird mittels einer Senkrechten in zwei Hälften unterteilt:

Die Endpunkte A und B der vorgegebenen Länge werden als Mittelpunkte für zwei Bögen mit einem Radius grösser als ½ AB genommen, deren Schnittpunkte bei C und D liegen. Die Strecke CD schneidet AB in zwei Hälften und wird die Senkrechthalbierende von AB genannt.

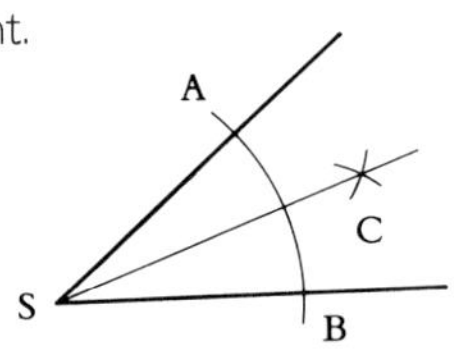

Halbieren eines vorgegebenen Winkels:

S ist der Scheitelpunkt des Winkels. Mit S als Mittelpunkt zeichnet man einen Bogen, der bei A und B überschneidet. Nehmen Sie A und B als Mitte für zwei Bögen mit demselben Radius. Die Bögen überschneiden bei C. Die Linie SC halbiert den Winkel und wird Winkelhalbierende genannt.

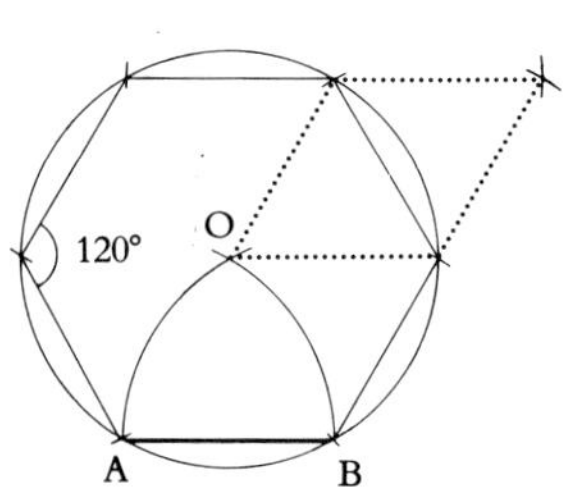

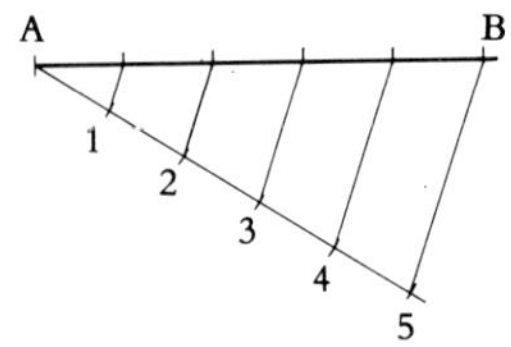

Eine vorgegebene Länge in gleichmässige Teile zerlegen:

Die vorgegebene Länge ist AB. Nun zeichnet man in einem freigewählten Winkel eine Linie von A. Mit Hilfe eines Zirkels markiert man fünf Teile auf dieser Linie. Die Grösse der Teile ist unwichtig, muss jedoch regelmässig sein. Nun wird Punkt 5 mit B verbunden. Parallel zu dieser Linie zieht man Linien von 4, 3, 2 und 1. Diese Parallelen teilen die vorgegebene Länge in fünf gleiche Teile.

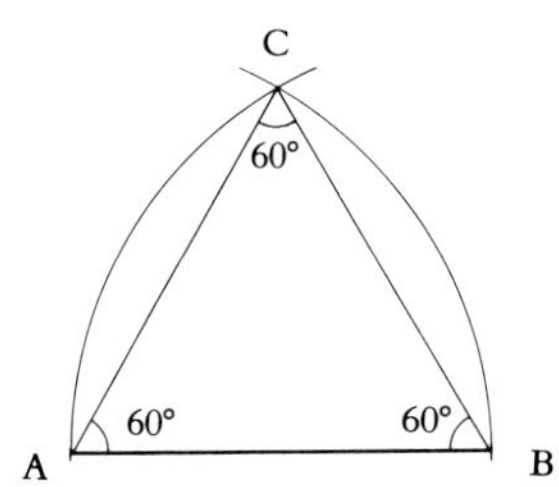

Rechtwinkliges Dreieck mit einer vorgegebenen Seitenlänge:

Die vorgegebene Länge ist AB. Man zeichnet zwei runde Bögen mit A und B als Scheitelpunkt und AB als Radius. Die Schnittstelle der Bögen ist C. Nun wird C mit A und B verbunden. ACB ist das gewünschte Dreieck.

Regelmässiges Sechseck mit einer vorgegebenen Seitenlänge:

Die Länge AB ist die Seite des Sechsecks. Indem man A und B als Scheitelpunkte für runde Bögen mit dem Radius AB verwendet, wird O die Schnittstelle. O wird nun als Scheitelpunkt für einen Kreis mit einem Radius von OA + AB verwendet. Die Länge von AB wird auf den Kreisumfang übertragen. Die Punkte werden für ein Sechseck miteinander verbunden. Zeichnet man ein gleichschenkliges Dreieck auf jeder Seite des Sechsecks, so erhält man einen Sechszackstern.

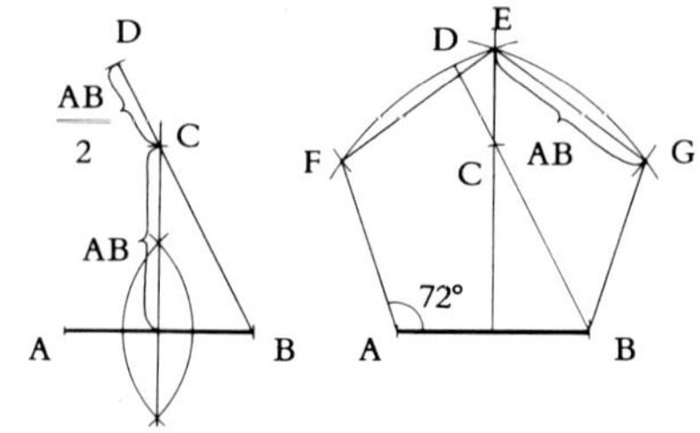

Konstruktion eines Fünfecks mit einer vorgegebenen Seitenlänge:

AB ist die vorgegebene Länge. Man zeichnet die senkrechte Halbierungslinie AB und markiert die Länge AB am gegebenen Punkt C. Man verbindet B und C und verlängert die Linie um die Hälfte von AB nach D. B und A werden als Scheitelpunkte für runde Bögen mit dem Radius BD verwendet. Die Bögen überschneiden die senkrechte Halbierungslinie bei E. Ab E werden die Bögen mit der Länge AB markiert, um G und F zu finden. Dann verbindet man A mit F und B mit G. AFEGB ist das gewünschte Fünfeck.

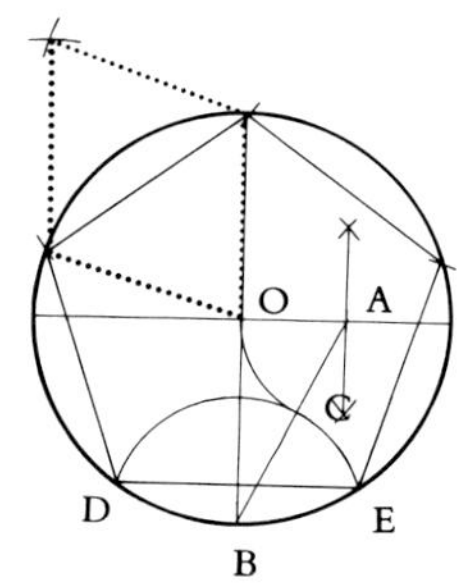

Konstruktion eines Fünfecks aus einem vorgegebenen Kreis:

In der Mitte des Kreises zeichnet man zwei Durchmesser im rechten Winkel zueinander. Ein Radius wird halbiert (A). A wird mit dem Endpunkt B des anderen Durchmessers verbunden. A verwendet man als Mitte für einen runden Bogen mit Radius AO. Dieser Bogen überschneidet AB bei C. B wird Mitte für einen Bogen durch C. Dieser Bogen überschneidet den Umfang des vorgegebenen Kreises bei D und E. Man verbindet D und E. Diese Strecke wird weitere viermal auf dem Umfang markiert. Wenn man am Schluss die Punkte verbindet, so erhält man ein Fünfeck. (Fünfzackstern siehe Sechseck.)

Massstab

Gegenstände werden sehr oft grösser oder kleiner abgebildet als sie in Wahrheit sind. Der Grad der Veränderung wird auf einer Skala dargestellt, die den Bezug zwischen der Distanz im Bild und der Wirklichkeit angibt. Auf einer Landkarte mit dem Massstab 1:50 000 entspricht jeder Zentimeter 50 000 cm oder 500 m.

Massstab 1:50 000

Ein Massstab von 1 : 1 bedeutet, dass der Gegenstand der Wirklichkeit entspricht, einer von 5 : 1 bedeutet, dass der Gegenstand fünfmal vergrössert wurde.

Aus praktischen Gründen wird man einen Entwurf kaum massstabgleich ausführen. Die Tücher auf Seite 17, im Original 50 x 70 cm, wurden in der Grösse 5 x 7 cm gezeichnet. Jeder Zentimeter auf dem Entwurf entspricht in Wirklichkeit 10 cm, das heisst einem Massstab von 1 : 10. Möchte man für einen Entwurf einen grösseren Massstab anwenden, so wählt man zum Beispiel 1 :5. Die Masse des Tuches 50 x 70 cm werden durch 5 geteilt, das heisst, der Entwurf wird 10 x 14 cm gezeichnet. Bei einem Massstab von 1 :2 wird der Entwurf 25 x 35 cm. Der Massstab bezieht sich auf die Länge. Flächen werden in Flächeneinheiten (m^2, cm^2) gemessen, was dem Quadrat der Längeneinheit (m, cm) entspricht. Werden die Seiten eines Rechtecks dreimal verlängert, so wird die Fläche des neuen Rechtecks neunmal grösser als das Original.

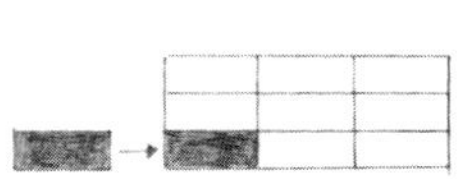

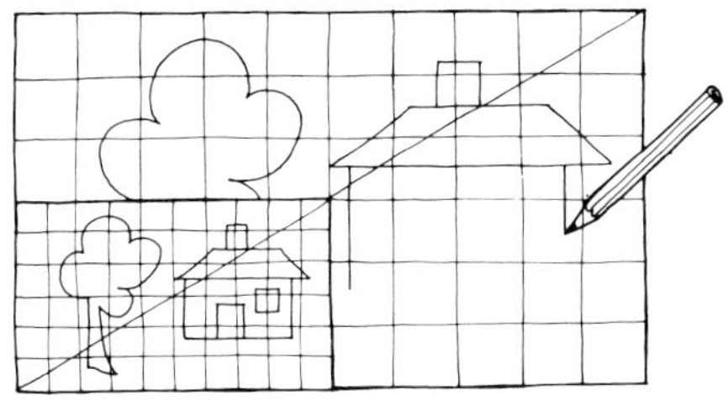

Vergrössern und Verkleinern mit Quadratraster

Die Methode, mit zwei verschieden gerasterten Papieren ein Bild zu vergrössern oder zu verkleinern, ist schon recht alt. Rasterspuren findet man in italienischen Kathedralen schon auf Fresken aus dem 15. Jahrhundert.

Ein Bild, das man vergrössern oder verkleinern will, überträgt man auf einen Raster mit gleichmässigen Quadraten. Enthält ein Teil der Zeichnung viele Details, so kann man den Raster weiter unterteilen, um mehr Stützlinien zu erhalten.

Nun wird die Zeichnung links unten Ecke auf Ecke über den Raster und einen grösseren Bogen Papier gelegt. Über die Zeichnung zieht man eine Diagonale, die man über das grössere Papier weiterführt. An jedem Punkt, wo die Diagonale den Raster kreuzt, zeichnet man mit den gleichen Proportionen wie auf der Zeichnung ein Rechteck.

Das Format der gewünschten Vergrösserung erhält man, indem man auf der Diagonalen die rechte obere Ecke markiert und, davon ausgehend, die Seitenlinien zieht.

Das neue Rechteck wird in gleich viele Quadrate unterteilt wie die Originalzeichnung. Anschliessend zeichnet man das Linienmuster Quadrat für Quadrat ein – entweder auf kleineren Quadraten für eine Verkleinerung oder vice versa.

Bereits mit Quadraten vorgezeichnete Raster kann man kaufen. Sie erleichtern die Arbeit wesentlich. Allerdings kann man auf einer Plastikfolie mit einem Folienschreiber auch seinen eigenen Raster erstellen. Ein Raster, den man unterlegt, hat den Vorteil, dass man die Zeichnung nicht mit Linien zerstören muss.

Auf einem Holzschnitt Albrecht Dürers von 1525 sieht man den Künstler, wie er sein Modell durch einen in einem Rahmen fixierten Raster betrachtet. Der Maler beobachtet von einem Fixpunkt aus, wo sich die Linien des Modells mit dem Raster überschneiden und überträgt dann diese Linien auf das vor ihm liegende Rasterpapier. Da die Quadrate seines Zeichenpapiers kleiner sind, verkleinert er so automatisch das Bild. Der Fixpunkt ist ein Instrument mit einem Auge. Damit verhindert er, dass durch unbeabsichtigtes Bewegen seines Kopfes sich die Linien des Modells immer wieder anders mit dem Raster überschneiden.

Farbmischschema

Zum Üben und zum Analysieren von Farbwiedergaben legt man am besten sein eigenes Schema an. Verwenden Sie dazu alle Farben aus dem Malkasten, einschliesslich Schwarz, Weiss und Grau, und legen Sie sie der Abbildung ähnlich in der obersten Waagrechten an. In der senkrechten Skala links malt man die Farben, die einem am besten zusagen.

Von links nach rechts arbeitend, mischt man zuerst alle Malkastenfarben mit Gelb, dann zum Beispiel mit Blaugrün usw. Spülen Sie den Pinsel jedesmal gut aus, und wechseln Sie das Wasser oft.

Ist das Mischschema vollständig, so werden Sie viel über die Schattierungen der Grundfarben gelernt haben, das heisst, wie durch Aufhellen, Trüben und Buntmischen neue Nuancen entstehen. Mischt man Gelb und Schwarz, so erhält man Grün, wobei sehr viel Weiss in einem klaren Blau die Farbe nach Grün verändert. Sie werden auch feststellen, dass Farben, die im Farbkreis nahe beieinanderliegen, gemischt klare Farben ergeben, während die weit auseinanderliegenden schmutzig trübe Farben ergeben. Das Mischschema dient als Vergleichstabelle. Vergleicht man die gewünschte Farbe mit dem Schema, sieht man sofort, welche beiden Farben zuerst gemischt werden müssen. Je mehr Farben man zusammenmischt, umso getrübter wird die Mischung.

Ergänzen mit Malen

Prüfen Sie Ihre Fähigkeiten, die richtigen Farben zu finden, indem Sie ein unregelmässig ausgeschnittenes oder herausgerissenes Stück Papier auf ein weisses Blatt Papier aufkleben. Dann malen Sie so darum herum, dass man zum Schluss nicht sieht, wo das Papierstück aufhört und wo die Malerei beginnt. Dies dient dazu, die richtigen Farben zu finden, aber auch das Typische der farbigen Fläche zu wiederholen.

Dies ist eine unterhaltsame Übung mit der Absicht, das Analysieren und das Wiedergeben von Farben zu schulen.

Studienplan

In Schweden muss für jeden vom Staat subventionierten Unterricht ein Plan vorgelegt werden, der dann zuerst gebilligt werden muss. Aufgrund dieser Auflage müssen sich Kursleitung und Schüler auf die Rahmenbedingungen wie Ziel und Zeit festlegen. Dabei muss auf die Erwartungen der Teilnehmer, auf Vorkenntnisse, Zeit für Hausaufgaben usw. Rücksicht genommen werden.

Der Inhalt des Buches *Textiles Entwerfen und Gestalten* bezieht sich auf mindestens vier Studiensemester zum Thema *Farben- und Formenlehre*. Selbstverständlich ist es auch ein Lehrmittel für jeden Handarbeits-, Werk- oder Farbunterricht. Zu Beginn eines Kurses sollten mit den Schülern oder Studenten Unterrichtsplan und Prioritäten festgelegt werden. Und es sollte klargemacht werden, dass jedes Kapitel mit spielerischen Übungen beginnt und dass der Schwierigkeitsgrad in den folgenden Kapiteln zunimmt.

Das Ziel der Übungen in diesem Buch ist:

Kreatives Musterzeichnen mit Streifen, Karos, Bordüren, Flächen und stilisierten Dekorelementen.

Kreatives Musterzeichnen beruht auf Inspiration, Ideen und Arbeit. Dies muss deshalb trainiert werden durch:
- Entdecken und Sich-inspirieren-lassen von Formen, Mustern und Farben in der Natur;
- Sehen und Bewusstwerden von Dekorationen, die der Mensch für seine Umgebung und seine Alltagsgegenstände kreierte;
- Einbeziehen des reichen Musterschatzes, den man in Büchern, Museen und an historischen Stätten vorfindet;
- Sich-inspirieren-lassen durch Bilder in Zeitschriften, Alltagsgegenstände, Musik und Literatur.

Wir hoffen, dass die Übungen in diesem Buch Ideen und Freude an der Arbeit vermitteln.

Unkonventionelles Zeichenmaterial und nicht alltägliche Techniken

Die Studenten werden von Anfang an geschult, anhand unkonventioneller Materialien und Techniken zu entwerfen. Sie lernen das Kopieren von Dingen aus der Natur; sie weben mit Gräsern, Moosen und Blumen; machen Kompositionen mit Kieseln, Tannenzapfen und Muscheln, entwerfen Bordüren mit echten Blumen und Blättern; projizieren kleine Dinge oder Schattenbilder, um stilisierte Formen zu finden. Es macht Spass, mit alltäglichen Sachen, wie Pack- und Geschenkpapier, Bändern, Bildern aus Zeitschriften und Drucksachen, zu gestalten, zu schneiden, zu reissen, zu kleben, zu flechten und zu weben.

Kenntnisse über Farben erweitern

Mit den Übungen zur Farbenlehre wird mit Spiel und Spass bewusst gemacht, wieviele Farben das menschliche Auge sehen und erfassen kann. Zudem wird man erkennenlernen, wie notwendig und vorteilhaft es ist, Farben nach ihren Werten zu gruppieren und etwas von den typischen Phänomenen zu verstehen, denen wir bei der Arbeit mit Mustern und Dekorationen begegnen. Es wird gezeigt, wie Farben sich gegenseitig beeinflussen. Die Studien lehren uns, wie wichtig Licht, Textur und Material bei Farbeindrücken sind. Es wird gezeigt, wie entsprechendes Licht die Klarheit eines Musters beeinflusst, wie Farben, die irgendwie in bezug zueinanderstehen, harmonieren und wie kontrastierende Farben die Leuchtkraft erhöhen und Vibrationen hervorrufen.

Farbstudien mit verschiedenen Schattierungen demonstrieren die Kriterien, die in einem Muster unsere Aufmerksamkeit anziehen, und wie Distanz dies ändern kann.

Betrachten und Auswerten von Entwürfen

Beim Gestalten lernen wir Farben, Formen, Rhythmus, Ausgewogenheit, Hauptmerkmale und Wirkung eines Musters erkennen.

Ein anderes Ziel ist, fähig zu werden, einen Entwurf für eine bestimmte Handarbeitstechnik weiterzuentwickeln. Wir müssen mit Ausschnitten, Spiegelungen, Rapporten und Vergrösserungen lernen, die verschiedenen Möglichkeiten auszuschöpfen, die in einem Muster vorhanden sind.

Muster aus der Vergangenheit und anderen Kulturen

Es ist wichtig, dass wir mehr über die Musterherstellung aus früheren Zeiten und bei anderen Kulturen wissen. Dieses Wissen können wir zum Beispiel anhand von Literatur, von Museums- und Kunstgaleriebesuchen sowie von Fotoausstellungen erweitern. Auch können die Studenten eigene Gegenstände in den Unterricht mitbringen. Aber genauso wichtig ist es, dass wir auch heutige Muster, Architekturdekors, bedruckte und gewobene Textilien sowie Alltagsgegenstände, wie

Geschirr, Gläser, Kunststoffe, Tapeten und Kleider, studieren.

Praxis

Kenntnisse, wie man die Farben richtig mischt, einen Entwurf vergrössert oder verkleinert, den richtigen Massstab anwendet und am einfachsten Muster kopiert, müssen den Studenten gleich am Anfang vermittelt werden. Sie gehören deshalb zu den ersten Übungen in diesem Buch. Die Geometrie in diesem Buch ist lediglich eine Wiederholung von meist rasch vergessenen Mittelschulkenntnissen.

Von der technischen Ausrüstung des Klassenzimmers hängt es ab, welche Übungen man ausführen kann. In den meisten Fällen ist heute ein Diaprojektor vorhanden.

Arbeit in der Gruppe

Gruppenübungen sind eine gute Gelegenheit, das Zusammenarbeiten zu erlernen, zu diskutieren und grössere Projekte auszuführen. Hie und da ergibt sich daraus sogar ein Gemeinschaftswerk für den Unterrichtsraum oder das Unterrichtsgebäude.

Hausaufgaben

Während dem gemeinsamen Unterricht bleibt oft wenig Zeit für kreatives Arbeiten. Hausaufgaben sind deshalb zu empfehlen. Dazu einige Beispiele:
- weitere Entwürfe erarbeiten;
- die Entwürfe ausführen, zum Beispiel mit Weben, Nähen, Porzellanmalen, Stricken, Holzschnitzen;
- seine eigene Dokumentation erstellen mit Bildern, Stoffmustern, Zeitungsartikeln, Papiermustern, Skizzen von drinnen und draussen sowie aus Museen und von historischen Stätten;
- Studien zur Geschichte der Farben, zum Beispiel anhand dieses Buches, machen;
- auch aus Büchern, die nicht das eigene Spezialgebiet betreffen, kann man lernen, wie Muster und Dekors zu einer Form, einem Material oder einem Gegenstand passen.

Aus Streifen werden Quadrate

Mit dieser *afrikanischen Methode* kann eine Gruppenarbeit ausgeführt werden. In Afrika werden lange, schmale Streifen mit einfarbigen und gemusterten Partien gewoben. Werden sie dann zusammengenäht, so entstehen Stoffe mit komplizierten Quadratmustern.

Die folgende Übung basiert auf diesem Gedanken. Die Teilnehmer erhalten je ein weisses oder ein farbiges Blatt Papier, das sie in Längsstreifen zerschneiden müssen. Dann wird jeder Streifen in drei Partien unterteilt. Diese werden wie folgt gestaltet: entweder wird der mittlere Teil oder werden die beiden äusseren Teile mit Querstreifen gemustert. Die Anzahl der Farben sollte beschränkt und eine der Farben muss von allen Schülern verwendet werden. Die Streifen werden dann so zusammengesetzt, dass sich einfarbige und gemusterte Partien abwechseln. So entsteht ein Karomuster, bei dem abwechslungsweise die Blöcke gestreift sind. Die Uniblöcke können dann zusätzlich mit einfachen geometrischen Mustern ausgestaltet werden (siehe Entwurf zu einem afrikanischen Gewebe auf Seite 29).

Diagonale bilden Quadrate

Dazu werden auf zwei Blatt Papier Diagonale gezeichnet, von links unten nach rechts oben und vice versa. Man wählt eine Farbe, die alle Teilnehmer verwenden, wobei die einen damit schmalere, die anderen breitere Streifen malen müssen.

Bevor man die Blätter in Quadrate, Rechtecke oder schmale Bahnen zerschneidet, prüft man, welche Streifen zusammenpassen. Dann dreht man die Stücke so, dass die Streifen in der Mitte des Blockes zusammentreffen (siehe auch Entwurf zu einer Decke auf Seite 46). Die Papierstücke werden auf einen unifarbenen Karton geklebt, und zwar mit vorher bestimmten Abständen, wodurch die Gesamterscheinung Zusammenhalt gewinnt.

Die diagonal gestreiften Papiere können auch als Grund für eine grössere unifarbene Fläche oder eine Figur verwendet werden. Der Fantasie sind bei diesen Übungen keine Grenzen gesetzt.

Bordüren bilden einen Rahmen

Hier muss ein farbiger Rahmen für eine durchgefärbte rechteckige Fläche entworfen werden, indem man Bordüre an Bordüre setzt. Der Rahmen kann mit einer Widmung, einem Spruch oder einem Zitat gefüllt werden.

Aus dem entsprechenden Kapitel kann man jede Bordüre für einen Rahmen verwenden. Man wählt helle und dunkle Farben, die miteinander und mit der Mittelfläche harmonieren. Die Bordüren müssen an den Längs- und Breitseiten nicht gleich sein und können in Dessin und Breite variieren. Wahrscheinlich braucht es zusätzlich schmale, unifarbene Streifen, um die Bordüren für einen Rahmen zusammenzuhalten.

Das Bild mit dem Spruch von Seite 68 zeigt eine Zusammenstellung von Bordüren mit gemustertem und ungemustertem Papier. Tupfen und Streifen wurden nachträglich mit einem Goldschreiber aufgetragen.

Orientteppiche sind oft so konzipiert, dass sich Bordüre an Bordüre reiht. Als Übung sollte man versuchen, auf diese Weise einen Teppich zu entwerfen.

Flächendruck mit Stempel

Wenn die Übungsblätter mit Kartoffelstempel fertig sind, so kann die Gruppe die Stempel dazu benutzen, ein Gedicht, eine Stimmung oder eine Jahreszeit zu illustrieren. Zuerst muss für die zu färbende Fläche ein Plan erstellt werden. Dabei sollte man nicht auf die Form der Stempel achten, jedoch die Farben gut aussuchen. Dann wird mit Schattierungen und Überdrucken gestempelt (siehe Seiten 82 und 83). Zum Schluss sollte das Dessin zum gewählten Thema passen. Die Abbildung stellt eine Illustration zu folgendem Gedicht von Ingrid Sjöstrand dar:
«Auf keinem Weg geht jemand allein.
Die Füsse werden von allen Schritten
begleitet, die auf dem Wege schreiten.»

Kompositionen mit stilisierten Blumen

Das Thema sind Feld- oder Gartenblumen. Sie werden von den Teilnehmern aus Pfeifenputzern oder dünnem Draht geformt, was automatisch zu stilisierten Formen führt. Wenn alle Drähte gleich lang sind, so werden auch die Blumen ungefähr gleich gross. (Man vergleiche dazu die Übung mit Tieren auf den Seiten 114 und 115.)

Die fertigen Blumen werden auf ein weisses Papier gelegt, dann werden einige davon ausgewählt, mit denen man nachher weiterarbeitet. Man legt ein Transparentpapier darüber und skizziert sie nach. Dann entscheidet man sich für vier oder fünf Farben, mit denen man ein Blatt Papier bemalt. Dieses wird so zerschnitten, dass jede Teilnehmerin ein Stück davon erhält. Jede Person malt dann in diesen Farben mindestens vier Muster von ihren Blumen. Mit diesem

Blumenstrauss wird dann *weitergespielt*. Man schneidet die Blumen mit etwas überstehender weisser Fläche aus und versucht dann, damit – einmal lockerer, einmal dichter – eine Fläche zu gestalten oder die Blumen in einem Kranz oder einem Bouquet zusammenzufassen. Die fertigen Kompositionen sollten als Dokumentation skizziert oder fotografiert werden. Dann wählt man verschiedene Techniken zur Ausführung: Das Muster kann gedruckt, ein Blumentopf gestickt oder der Blütenkranz appliziert werden. Die bemalten Blumen hängt man an die Wand, damit später andere Kursteilnehmer diese neu arrangieren können.

Vergrössern und Anpassen der Farben

Dies ist eine weitere Gruppenübung. Das Bild wird in verschiedene Teile zerschnitten, und zwar so, dass in jedem Teil *etwas stattfindet*. Dann muss jede Teilnehmerin, ohne die Arbeit ihrer Kollegin zu beachten oder das Gesamtbild zu betrachten, ihren Teil mit der Rastermethode auf das Doppelte vergrössern (siehe Seite 149). Es ist wichtig, dass man diese Arbeiten sorgfältig ausführt (siehe Seite 150), da zum Schluss alle Teile zu einem Ganzen zusammengefügt werden sollen. Gruppenarbeiten finden sich bei den Farbstudien *Wie rosa ist das Schweinchen?* und *Farbkreis aus Blumen* auf den Seiten 121 und 125.

Praktische Winke zu den Übungen

Material aus der Natur als Eintrag (Seite 6). Für die Kette kann man dünne Packschnur, Baumwollgarn oder ungebleichtes Leinengarn 16/2 verwenden. Davon braucht man etwa 8 m. Die fertigen Arbeiten werden im Unterrichtsraum aufgehängt und miteinander verglichen. Da jede Person verschiedene Materialien, Farben und Arbeitsmethoden wählt, wird keine Arbeit der anderen gleichen.

Schattenbilder und Silhouetten (Seite 9). Mit dem Projektor kann man Gegenstände so anstrahlen, dass sie Schatten auf die Wände werfen. Getrocknete Fruchtstände, Gräser, Farne und Zweige geben sehr schöne Schatten zum Skizzieren.

Abdrücke (Seite 10). Für den Gipsabguss eines Abdrucks auf einer Tonplatte muss man mit Gips oder Pappe einen Rand um die Platte anfertigen. Dann leert man gut fliessenden Gips etwa 2 cm dick in die Form und lässt ihn trocknen. Anschliessend wird der Rand sorgfältig entfernt und das Relief von der Platte gelöst.

Kompositionen mit natürlichen Materialien (Seite 10). Als Unterlage verwendet man eine Hartfaserplatte oder einen dikken Karton von 15 x 15 cm und zum Kleben einen Holzleim. Die fertige Komposition wird als Schmuck und für spätere Übungen an die Wand gehängt.

Natur und Bilder inspirieren zu Streifen (Seite 15). Um das Garn aufzuwinden, verwendet man einen zweifachen Karton, damit man die Garnenden dazwischenschieben und sichern kann.

Gemalte Streifen (Seite 17). Wenn man Tücher malt, ist es vorteilhaft, wenn man zu Beginn mehrere Rechtecke zeichnet. Das übliche Tüchermass ist 70 x 50 cm. Arbeitet man mit einem Massstab von 1 : 10, so müssen die Rechtecke 7 x 5 cm sein. Mit einem flachen Pinsel kann man breite und schmale Streifen malen.

Verschiedene Streifendessins mit gleichen Farbanteilen (Seite 19). Man malt die Farben mit den gleichen Proportionen wie im Beispiel 1. Die ideale Grösse eines Blatt Papiers ist A4. Das Papier wird durch die Farbfelder in drei gleiche Teile zerschnitten (2). Daraus lassen sich Streifen mit verschiedenen Farbmustern schneiden.

Ausschneidemethode (Seite 22). Das Modell wird in der Form eines Kruges, eines Pullovers, eines Stuhls, eines Hutes,

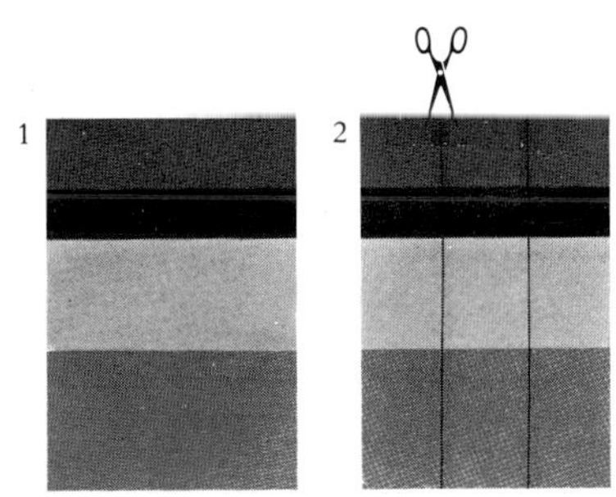

einer Tasche oder von Fausthandschuhen aus dickem, weissem Papier zugeschnitten. Diese Schablone wird über den Entwurf geschoben, um das beste Dessin zu finden.

Restenteppich (Seite 23). Da es schwierig ist, für eine Probe so schmale Stoffstreifen zuzuschneiden, werden die Streifen so übereinandergelegt, dass nur das gewünschte schmale Stück hervorlugt.

Wenn man ein Vergrösserungsgerät zur Verfügung hat, kann man das Modell so an die Wand projizieren, dass man einen Teppich im Massstab von 1 : 1 erhält. So kann man am besten feststellen, ob die Proportionen stimmen.

Streifen als Bild (Seite 28). Vom Papierformat hängt die Grösse des Entwurfs ab. Dadurch sollte man sich jedoch nicht einschränken lassen und sich den Entwurf auch einmal vergrössert oder verkleinert vorstellen.

Von Worten inspirierte Karos (Seite 34). Die Vorstellung von weichem Stoff kann auf verschiedene Arten erreicht werden. Man kann:

- nass in nass malen, so dass die Farben ineinanderlaufen;
- Malfarben oder -stifte auf einem rauhen, strukturierten Papier verwenden;
- mit Fettstiften malen und dann die Farben mit den Fingern verschmieren;
- mit wasserlöslichen Schreibern oder Wasserfarben auf leicht feuchtem Papier malen.

Man muss herausfinden, welche Technik sich am besten für das angestrebte Ziel eignet.

Bordüren aus Buchstaben (Seite 69). Man bereitet mehrere Bänder vor und grundiert sie verschieden. Die Farben müssen in bezug auf Dichtheit, Ausgewogenheit, Lesbarkeit sowie Verwendungszweck des Musters gewählt werden. Die Bordüren können gespiegelt oder übereinander zusammengesetzt zu Flächenmustern angeordnet werden.

Scherenschnitte aus Seidenpapier (Seite 73). Seidenpapier ist nicht teuer, und es lässt sich gut damit arbeiten. Allerdings ist es nicht lichtecht. Am besten wird es mit

Tapetenkleister geklebt, den man mit einem Breitzugpinsel aufträgt, und zwar am besten auf die Unterlage. Anschliessend wird das Papier darüber gelegt und mit dem Pinsel flachgestrichen. Dann folgt wieder eine Lage Kleister und anschliessend ein Papier.

Kartoffeldrucke (Seite 80). Kartoffeln sind für die Stempelherstellung ideal. Sie sind nicht teuer, haben die richtige Festigkeit, und man kann einfach damit arbeiten. Leider sind sie nicht dauerhaft. Auch in einem festverschlossenen Plastiksack werden sie nach einigen Tagen schrumplig, was einen dann zwingt, neue Stempel und neue Muster zu machen.

Ein guter Kartoffelstempel muss eine glattgeschnittene Fläche haben. Dann wird mit einem kleinen, spitzen Messer ausgeschnitten. Damit man den Stempel immer richtig hält, kann man oben eine Markierung anbringen. Schmale Stempel kann man mit einem Kartoffelschnitz stempeln, der sich mit leichtem Druck biegen lässt. Für ein Spiegelbild braucht man zwei Stempel. Dazu färbt man den ersten Stempel ein und macht damit auf der anderen Kartoffelhälfte einen Abdruck. Danach wird das Muster ausgeschnitten. Zahlen und Buchstaben muss man immer spiegelbildlich ausschneiden, damit sie beim Drucken richtig erscheinen.

Kombinierte Stempelmuster können ein sehr interessantes Dessin ergeben. Dazu sollten sie mindestens in einer Richtung die gleiche Grösse haben. Hier wurden Muster aus einem Viereck, einem Dreieck und einem Kreis kombiniert.

Mit einem Raster gezeichnete Muster (Seite 88). Hier sind einige Vorschläge für Raster. Man zeichnet sie selbst im passenden Massstab.

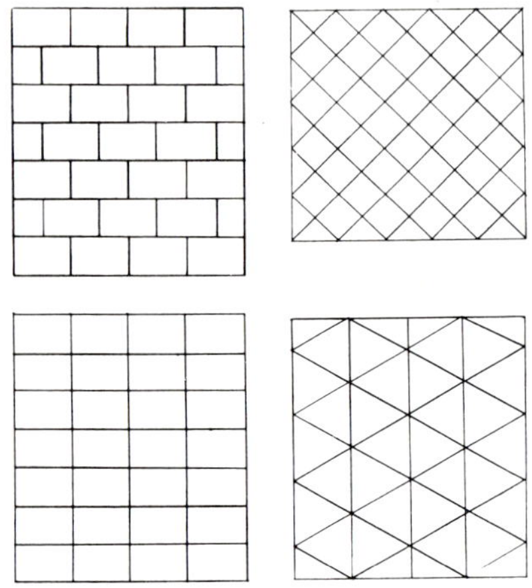

Stilisieren (Seite 100). Zum Übertragen einer Zeichnung auf schwarzes oder farbiges Papier kann man zuerst die Rückseite der Zeichnung mit Ölkreide einfärben, und zwar in einer Farbe, die sich gut vom Grund abhebt. Diese Farbschicht wirkt dann wie ein Kohlepapier. Trassierpapier kann man jedoch auch in vielen Farben kaufen.

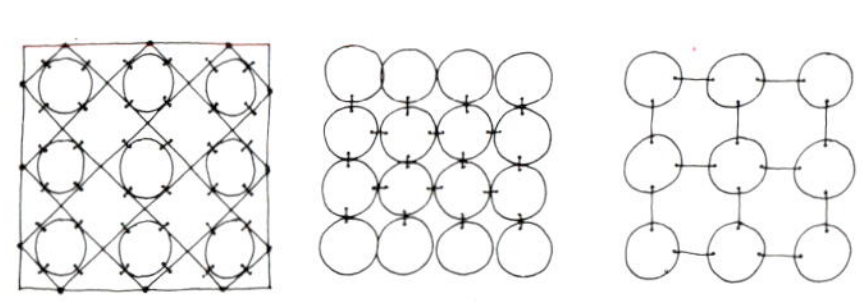

Entwürfe mit Pfeifenputzern (Seite 115). In der obigen Abbildung ist dargestellt, wie sich die rundgeformten Tiermotive je nach Endzweck zusammensetzen lassen. Man kann sie auch mit kräftigen Farben ausmalen.

Farbzusammenstellungen (Seite 126). Mit den folgenden Angaben kann man lernen, Schattierung und Werte, Farbe und Ton zu analysieren und zu beschreiben.

Die dominante Qualität einer Farbe wird mit Primärtendenz, die am wenigsten wichtige Qualität mit Sekundärtendenz bezeichnet.

Farbkreis

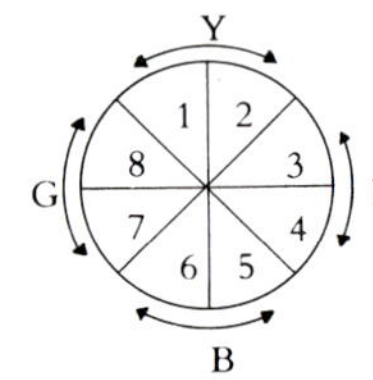

Abschnitt 1–2 Gelb dominiert
1 Sekundärtendenz grünlich
2 Sekundärtendenz rötlich

Abschnitt 3–4 Rot dominiert
3 Sekundärtendenz gelblich
4 Sekundärtendenz bläulich

Abschnitt 5–6 Blau dominiert
5 Sekundärtendenz rötlich
6 Sekundärtendenz grünlich

Abschnitt 7–8 Grün dominiert
7 Sekundärtendenz bläulich
8 Sekundärtendenz gelblich

Farbdreieck

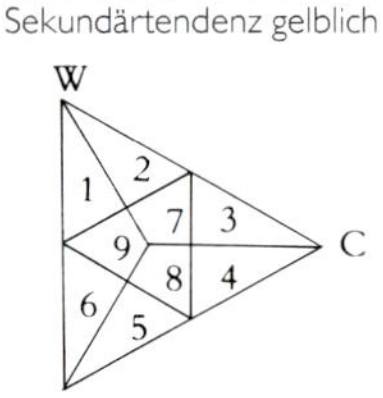

Abschnitt 1–2 Weiss dominiert
3–4 Farbe dominiert
5–6 Schwarz dominiert

7 Weiss + Farbe dominieren
Schwarz hat Sekundärtendenz
8 Farbe + Schwarz dominieren
Weiss hat Sekundärtendenz
9 Weiss + Schwarz dominieren
Farben haben Sekundärtendenz

Zeichenmaterial

Papiere

- Verschiedenes Zeichenpapier (farbig, weiss, grau und schwarz), mit dem man malen, skizzieren, Modelle ausschneiden und Entwürfe machen kann;
- leicht saugfähiges Papier zum Pflanzenpressen, zum Bemalen oder für Kartoffelstempel;
- Pappe, um Garn aufzuwinden oder zum Weben;
- Millimeterpapier mit Karos von 0,5 cm und 0,25 cm für Skizzen und Arbeitszeichnungen;
- Transparentpapier zum Durchpausen und für Übungen mit Spiegelbildern;
- Seiden- und Drachentransparentpapier in verschiedenen Farben;
- braunes Packpapier, Tapeten, Geschenkpapier, Wellpappe und andere Papiere zum Einpacken;
- farbige Bilder aus Zeitschriften, Prospekten und anderen Drucksachen.

Farben

- Ölkreide,
- Wasserfarben,
- Gouache- und andere Malfarben.

Stifte

- Bleistifte in verschiedenen Härten,
- wasserlösliche und wasserfeste Filzschreiber in verschiedenen Dicken,
- Farbstifte.

Pinsel

- runde, verschieden dicke Pinsel,
- verschieden breite, flache, sogenannte Breitzugpinsel,
- Malschwämmchen oder Einfärbballen,
- Farbwalze.

Kunststoff

- Plastikmäppchen zum Aufbewahren von Skizzen, zum Zuschneiden von Schablonen und um Muster zu entwerfen;
- Folien.

Verschiedenes

- Scheren, Massstab, Zirkel, Reissschiene, Radiergummi, Klebstift, Tapetenkleister, zwei rechteckige, randlose Spiegel, lange Pfeifenputzer oder weiche Drähte, verschiedene Garne, Nähfaden, Tapisserienadeln;
- Diaprojektor und Diarähmchen mit Glas;
- Kopier- und Vergrösserungsgerät.

Literaturverzeichnis

Achen, S. T.: *Symboler omkring oss*, Norstedts, Stockholm, 1978
Albers, Josef: *Interaction of Color. Grundlegung einer Didaktik des Sehens*, DuMont, Köln 1970
Appelton, Le Roy H.: *American Indian Design and Decoration*, Dover Publication, New York 1970

Bager, B.: *Naturen som formgivare*, Nordisk Rotogravyr 1955
Bengtsson, Gerda: *Kreuzstichmuster*, Paul Haupt, Bern und Stuttgart 1986
Biedermann, Hans: *Knaurs Lexikon der Symbole*, Droemer Knaur, München 1989
Bossert, H. Th.: *Das Ornamentwerk*, Ernst Wasmuth, Berlin 1924
Bossert, H. Th.: *Ornamente der Völker*, 5 Bde., Ernst Wasmuth, Tübingen 1955
Broby-Johansen, R.: *Vardagskonst, världskonst*, Esselte, Stockholm 1949
Broby-Johansen, R.: *Kropp och kläder*, Raben & Sjögren 1969
Broby-Johansen, R.: *Grafiska glimtar*, Gidlund 1982

Copplestone, T.: *Se konsten. Världskonsten i samhällshistoriskt perspektiv*, Bonniers, Stockholm 1986

Dresser, Ch.: *Decorative design*, Academy Edition, London 1873

Ehn, O.: *Rosor och flammande tulpaner*, Fornminesförening, Uppsala 1979

Falke, J. von: *Stillära och konstslöjd*, Gernandts 1885
Form: Om färg, nr 7–8, 1979
Form: Design i u-land, nr 5, 1980
Form: Hantverk och bistånd, nr 6, 1980
Forskning och framsteg: Färger avspeglar världsbilden, nr 6, 1980

Geijer, Agnes: *A History of Textile Art*, Pasold Research Fund, London 1982
Gekeler, Hans: *Handbuch der Farbe*, DuMont, Köln 1988

Hatton, R.: *Handbook of Plant and Floral Ornament*, Dover Publication, New York 1960
Hellner, B. / Rooth, S.: *Konstsmide, historia och teknik*, Natur & Kultur, Stockholm 1960
Heuss-Czisch, Barbara / Wessbecher, Angelika: *Im Material. Objekte und Assemblagen der 60er Jahre in Stuttgart*, Württembergischer Kunstverein, Stuttgart 1987

Hofer, Alfons: *Stoffe 1 + 2*, Deutscher Fachverlag, Frankfurt a. M. 1983 und 1985
Hopf, Angela / Hopf, Andreas: *Scherenschnitte / Silhouettes*, F. Bruckmann, München 1989

Itten, Johannes: *Kunst der Farbe*, Otto Maier, Ravensburg 1970

Jackson, D.: *Skrivkonstens historia*, Ordfront 1981
Jansson, H. W.: *Konsten från äldsta tider till våra dagar*, Bonniers, Stockholm 1970
Jansson, S. B. F.: *Runinskrifter i Sverige*, AWE Gebers 1976
Johansson, T.: *Färgboken, färglära för praktiskt bruk*, Rabén & Sjögren, Stockholm 1965
Jones, Owen: *Grammatik der Ornamente*, Delphi, Franz Greno, Nördlingen 1987
Joppien, Rüdiger: *Christopher Dresser. Ein viktorianischer Designer 1834–1904*, Kunstgewerbemuseum der Stadt Köln 1981

Köhlmark, E.: *Broderiboken*, ICA, Stockholm 1981
Koustrup, B.: *Flora och fantasi*, Stenströms 1983
Kühn, H.: *Eiszeitmalerei*, R. Piper & Cover, München 1958
Kühn, H.: *Die Felsbilder Europas*, Europa, Zürich/Wien 1952
Kybalova, L.: *Stora Modeboken*, Folket i bild 1976

Lidholm, A.: *Textilmönstrets historia*, Esselte, Stockholm 1963
Lind, V.: *Sticka efter gamla nordiska mönster*, ICA, Stockholm 1983

Matthaei, Rupprecht: *Goethes Farbenlehre*, Otto Maier, Ravensburg 1971
Mickelsson, H. / Svensson, I.: *Friargåvor och annat grant*, LT 1977
Mickelsson, H. / Asbrink A.-K.: *Målade korgar*, Inferi 1980

Nessle, L.: *Måla inomhus på gammalt vis*, Norstedts, Stockholm 1985
Nilson, K. G.: *Färglära*, Bonniers, Stockholm 1982
Notini, A.: *Dräktfolket*, Atlantis, Stockholm 1980
Notini, A.: *Krukmakare*, Streiffert, Stockholm 1985
Nylén, A.-M.: *Hemslöjd*, Håkan Olssons 1969
Nylén, E.: *Bildstenar i Gotlands fornsal*, Visby 1978

Ohrstedt, S.: *Färglära, fakta och arbetsbok*, Esselte, Stockholm 1978
Ostwald, Wilhelm: *Die Farbenfibel*, Anesma, Leipzig 1928

Parker, A. / Neal, A.: *Molas, Folk art of the Cuna Indians*, Barre, Massachusetts 1977

Parry, Linda: *William Morris Textiles*, Weidenfeld and Nicholson, London 1983
Phleps, Hermann: *Das ABC der Ornamentik*, George Stilke, Berlin 1923

Reclams Kunstführer Schweden, Reclam, Stuttgart 1985
Regensteiner, Else: *Die Kunst zu Weben*, Callwey, München 1987
Röttger, Ernst / Klante, Dieter: *Das Spiel mit den Bildelementen Punkt und Linie*, Otto Maier, Ravensburg 1963
Röttger, E.: *Punkt und Linie. Die Fläche, Werkstoff Papier, Werkstoff Holz, Keramik, Wellpappe, Metall*, Otto Maier, Ravensburg 1966
Rowell M. / Zander Rudenstine A.: *Russische Avantgarde aus der Sammlung Costakis*, Städtische Galerie im Lenbachhaus, München 1984
Rowland, Kurt: *Sehen und Verstehen. Muster und Form*, Otto Maier, Ravensburg 1963

Scherpe, R.: *Textilkunst des frühen Christentums*, Krefeld 1963
Sieber, R.: *African textiles and decorative arts*, The Museum of Modern Art, New York 1972
Sirenius, U. T.: *Finlands ryor*, Otava, Helsingfors 1924
Stiebner, Erhardt D.: *Zeichen + Signete 1 + 2*, F. Bruckmann, München 1987
Svensson, I.: *Tryckta tyger från 30-tal till 80-tal*, Liber, Malmö, Stockholm 1984
Svensson, I.: *Sydsamisk slöjd*, Västerbottens museum och Same-ätnams slöjdutskott 1974
Svensson, I.: *Textil tradition*, speglad i Dalarnas Museum samlingar, Dalarnas museum 1982

Ware, D. / Stafford, M.: *Dictionary of ornament*, George Allen & Unwin, London 1974
Wingren, B.: *Ornament*, Almqvist & Wiksell, Stockholm 1971

Zwimpfer, Moritz: *Farbe, Licht, Sehen, Empfinden. Eine elementare Farbenlehre in Bildern*, Paul Haupt, Bern und Stuttgart 1985

Julia Barton

Kreatives Sticken

Vom Design zum Kunstwerk
143 Seiten, 177 farbige Abbildungen, 33 Zeichnungen
gebunden
in Vorbereitung

Gerda Bengtsson

Kreuzstichmuster

Rosen und blühende Zweige
63 Seiten, 29 farbige und 36 schwarz-weisse Abbildungen
kartoniert Fr. 22.–/DM 26.–

Gerda Bengtsson

Dänische Kreuzstichmuster

2. Auflage, 80 Seiten, 32 farbige und 44 schwarz-weisse Abbildungen
kartoniert Fr. 17.–/DM 19.–

Inge Bergfeldt

Kreuzstichmuster in geometrischen Formen

64 Seiten, 28 Farbtafeln, 39 Zeichnungen
gebunden Fr. 23.–/DM 27.50

Stig Thore Nilsson

Schwedische Kreuzstichmuster

72 Seiten, 27 farbige und 44 schwarz-weisse Abbildungen, 18 Zeichnungen
kartoniert Fr. 17.–/DM 19.–

Weihnachtliche Kreuzstichmuster aus Dänemark

4. Auflage, 80 Seiten, 12 Farbtafeln, 40 Zeichnungen
kartoniert Fr. 21.–/DM 24.–